県立育徳館中学校
県立門司学園中学校
県立宗像中学校
県立嘉穂高校附属中学校
県立輝翔館中等教育学校

〈収録内容〉

便利なDLコンテンツは右のQRコードから

解答用紙

過去年度

問題は
紙面に掲載

※データのダウンロードは2025年3月末日まで。
※データへのアクセスには、右記のパスワードの入力が必要となります。 ⇒ 355688

本書の特長

実戦力がつく入試過去問題集

- 問題 …………… 実際の入試問題を見やすく再編集。
- 解答用紙 …… 実戦対応仕様で収録。
- 解答解説 …… 解答例は全問掲載。詳しくわかりやすい解説には、難易度の目安がわかる「基本・重要・やや難」の分類マークつき（下記参照）。各科末尾には合格へと導く「ワンポイントアドバイス」を配置。

入試に役立つ分類マーク

基本 確実な得点源！
受験生の 90％以上が正解できるような基礎的、かつ平易な問題。
何度もくり返して学習し、ケアレスミスも防げるようにしておこう。

重要 受験生なら何としても正解したい！
入試では典型的な問題で、長年にわたり、多くの学校でよく出題される問題。
各単元の内容理解を深めるのにも役立てよう。

やや難 これが解ければ合格に近づく！
受験生にとっては、かなり手ごたえのある問題。
合格者の正解率が低い場合もあるので、あきらめずにじっくりと取り組んでみよう。

合格への対策、実力錬成のための内容が充実

- 各科目の出題傾向の分析、最新年度の出題状況の確認で、入試対策を強化！
- その他、学校紹介、過去問の効果的な使い方など、学習意欲を高める要素が満載！

解答用紙ダウンロード 解答用紙はプリントアウトしてご利用いただけます。弊社ＨＰの商品詳細ページよりダウンロードしてください。トビラのＱＲコードからアクセス可。

famima PRINT 原本とほぼ同じサイズの解答用紙は、全国のファミリーマートに設置しているマルチコピー機のファミマプリントで購入いただけます。※一部の店舗で取り扱いがない場合がございます。詳細はファミマプリント（http://fp.famima.com/）をご確認ください。

UD FONT 見やすく読みまちがえにくいユニバーサルデザインフォントを採用しています。

公立中高一貫校の入学者選抜

ここでは，全国の公立中高一貫校で実施されている入学者選抜の内容について，その概要を紹介いたします。

公立中高一貫校の入学者選抜の試験には，適性検査や作文の問題が出題されます。

多くの学校では，「適性検査Ⅰ」として教科横断型の総合的な問題が，「適性検査Ⅱ」として作文が出題されます。しかし，その他にも「適性検査」と「作文」に分かれている場合など，さまざまな形式が存在します。

出題形式が異なっていても，ほとんどの場合，教科横断的な総合問題(ここでは，これを「適性検査」と呼びます)と，作文の両方が出題されています。

それぞれに45分ほどの時間をかけていますが，そのほかに，適性検査がもう45分ある場合や，リスニング問題やグループ活動などが行われる場合もあります。

例として，東京都立小石川中等教育学校を挙げてみます。

① 文章の内容を的確に読み取ったり，自分の考えを論理的かつ適切に表現したりする力をみる。

② 資料から情報を読み取り，課題に対して思考・判断する力，論理的に考察・処理する力，的確に表現する力などをみる。

③ 身近な事象を通して，分析力や思考力，判断力などを生かして，課題を総合的に解決できる力をみる。

この例からも「国語」や「算数」といった教科ごとの出題ではなく，「適性検査」は，私立中学の入試問題とは大きく異なることがわかります。

東京都立小石川中等教育学校の募集要項には「適性検査により思考力や判断力，表現力等，小学校での教育で身に付けた総合的な力をみる。」と書かれています。

教科知識だけではない総合的な力をはかるための検査をするということです。

実際に行われている検査では，会話文が多く登場します。このことからもわかるように，身近な生活の場面で起こるような設定で問題が出されます。

これらの課題を，これまで学んできたさまざまな教科の力を，知識としてだけではなく活用して，自分で考え，文章で表現することが求められます。

実際の生活で，考えて，問題を解決していくことができるかどうかを学校側は知りたいということです。

問題にはグラフや図，新聞なども多く用いられているので，情報を的確につかむ力も必要となります。

算数や国語・理科・社会の学力を問うことを中心にした問題もありますが，出題の形式が教科のテストとはかなり違っています。一問のなかに社会と算数の問題が混在しているような場合もあります。

少数ではありますが，家庭科や図画工作・音楽の知識が必要な問題も出題されることがあります。

作文は，文章を読んで自分の考えを述べるものが多く出題されています。
文章の長さや種類もさまざまです。筆者の意見が述べられた意見文がもっとも多く採用されていますが，物語文，詩などもあります。作文を書く力だけでなく，文章の内容を読み取る力も必要です。
調査結果などの資料から自分の意見をまとめるものもあります。
問題がいくつかに分かれているものも多く，最終の１問は400字程度，それ以外は短文でまとめるものが主流です。
ただし，こちらも，さまざまに工夫された出題形式がとられています。

それぞれの検査の結果は合否にどのように反映するのでしょうか。
東京都立小石川中等教育学校の場合は，適性検査Ⅰ・Ⅱ・Ⅲと報告書(調査書)で判定されます。
報告書は，400点満点のものを200点満点に換算します。
適性検査は，それぞれが100点満点の合計300点満点を，600点満点に換算します。
それらを合計した800点満点の総合成績を比べます。

このように，形式がさまざまな公立中高一貫校の試験ですが，文部科学省の方針に基づいて行われるため，方向性として求められている力は共通しています。
これまでに出題された各学校の問題を解いて傾向をつかみ，自分に足りない力を補う学習を進めるとよいでしょう。
また，環境問題や国際感覚のような出題されやすい話題も存在するので，多くの過去問を解くことで基礎的な知識を蓄えておくこともできるでしょう。
適性検査に特有の出題方法や解答方法に慣れておくことも重要です。
また，各学校間で異なる形式で出題される適性検査ですが，それぞれの学校では，例年，同じような形式がとられることがほとんどです。
目指す学校の過去問に取り組んで，形式をつかんでおくことも重要です。
時間をはかって，過去問を解いてみて，それぞれの問題にどのくらいの時間をかけることができるか，シミュレーションをしておきましょう。
検査項目や時間に大きな変更のある場合は，事前に発表がありますので，各自治体の教育委員会が発表する情報にも注意しましょう。

県立 育徳館《いくとくかん》 中学校

https://ikutoku-j.fku.ed.jp/

〒824-0121　京都郡みやこ町豊津973
☎0930-33-5483
交通　ＪＲ日豊本線行橋駅・築城駅　バス
　　　平成筑豊鉄道新豊津駅　徒歩20分またはバス

［プロフィール］

・小笠原藩の藩校として創始。以来、260年近い歴史をもつ伝統校。

・平成16年４月、県下で初の併設型中高一貫教育校の一つとして新たにスタートした。

［カリキュラム］

・**50分×６時間授業**。

・**少人数授業**を実施。基礎学力を確実に身に付けるべく、数学・国語・英語の授業では**ティーム・ティーチング**を導入している。また、**習熟度別編制**で行う授業もある。

・総合的な探究の時間では、小笠原文庫の研究を行なう。中高交流の機会にもなっている。

［部活動］

令和３年度は、高校の**囲碁・将棋部**が九州大会に、**管弦学部**が全国大会に出場した。

★設置部

野球、サッカー、バレーボール（女）、柔道、剣道、バスケットボール、バドミントン、陸上、管弦楽、科学、茶道、華道、美術、囲碁・将棋

［行　事］

・クラスマッチや百人一首大会、英語スピーチコンテストを実施。

・以下の行事は高校と合同で行われる。

６月　体育大会
９月　文化祭
12月　マラソン大会

［進　路］

・県立育徳館高校に無試験で進学できる。

・２年次の**企業視察研修**や**職場体験**、**大学の出前授業**、３年次の**大学訪問**など、進路を考えるための学習行事が充実している。

・放課後には個別指導も実施している（**チャレンジタイム**）。

★卒業生の主な進学先

大阪大、九州大、九州工業大、広島大、山口大、佐賀大、長崎大、熊本大、鹿児島大、福岡県立大、福井県立大、鳥取環境大、下関市立大、福島県立大、長崎県立大、北九州市立大、東京外国語大、関西学院大、同志社大

［トピックス］

・遠方からの入学者のために、**育徳寮**（男女各15室予定、１室２名）が設置されている。寮独自の行事も実施。

・藩校時代の正門「黒門」は今も健在。また「小笠原文庫」には約500点もの往時の古文書や古地図が保管されている。

県立 門司学園《もじがくえん》 中学校

https://mojigakuen.fku.ed.jp/

〒800-0102　北九州市門司区大字猿喰1462-2
☎093-481-4673
交通　ＪＲ鹿児島本線門司港駅　バス
　　　ＪＲ鹿児島本線門司駅　バス

［プロフィール］

・ともに長い歴史をもつ門司高校と門司北高校とを発展的に統合し、平成16年４月、併設型中高一貫教育校として開校した。

・校訓は「自立　勉学　創造」。

［カリキュラム］

・**50分×６時間授業。**

・英語と数学の授業は、**ティーム・ティーチング**や**習熟度別・少人数編制**で実施。また、ALTの指導のもと、生きた英語の習得を目指す。

・「**弁論大会**」（１年）、「**夢を語るコンテスト**」（２年）などを行い、自己表現力の向上を図る。

・「**SELF STUDY**」（総合的な学習の時間）では、自分で設定した課題に基づいて問題解決能力を養う。３年次には、「**卒業論文発表会**」も行う。

・放課後の復習・予習の時間「**セルフタイム**」や、夏休みに開かれる「**サマーセミナー**」、冬休みの「**ウィンターセミナー**」などを活用して学力の定着・増強を図っている。

［部活動］

吹奏楽部は全国大会で活躍している。

★設置部

野球、バスケットボール、ソフトテニス、バレーボール、陸上、吹奏楽、英語

［行　事］

４月　自立と協働を学ぶ体験活動（１年）
６月　体育大会
９月　門司学園祭
10月　修学旅行（３年）、職場体験（３年）
３月　卒業を祝う会

［進　路］

・県立門司学園高等学校に無試験で進学することができる。

・大学教授による**出前授業**や、**講演会**で最先端の科学に触れることができる。さらに、**大学訪問**や**企業訪問**、**職場体験学習**などを実施。将来の進路に向けた目的意識を育成する。

★卒業生の主な合格実績

山口大、九州大、九州工業大、福岡教育大、北九州市立大、福岡県立大、長崎県立大、同志社大、立命館大

［トピックス］

スクールバスを運行している。

県立 宗《むな》像《かた》 中学校

〒811-3436　宗像市東郷6-7-1
☎0940-36-2029
交通　ＪＲ東郷駅　徒歩20分
　　　ＪＲ赤間駅　バス

https://munakata-j.fku.ed.jp/

［プロフィール］

・平成27年４月開校。

・母体校の宗像高校は大正８年に創立された100年近い歴史をもつ**伝統校**。

［カリキュラム］

・**50分×6時間授業**。

・中学１年次の英語は授業時数を標準よりも35時間増加。ヒアリング能力やボキャブラリーを鍛える。

・中学２・３年次の数学では授業時数を標準よりも35時間増やし、基礎力を確実なものとする。

・総合的な探究の時間において、宗像の歴史・文化遺産や農業・水産業について現地学習を行う「**体験学習**」、国内語学研修を行い、実践的な英語力を養う「**英語スキルアップ**」、企業訪問などにより将来設計を考える「**キャリアプランニング**」、発表能力向上のための「**プレゼンスキルアップ**」を実施。６年間を通してグローバルな人材を育てる。

［部活動］

・可能な限り**中高合同**で行われる。

・宗像高校の**電気物理部**は平成21年度以降、ロボカップ世界大会に６回出場（26年度に団体世界３位）、全国高校総合文化祭に７回出場（23・27年度の研究発表物理部門最優秀賞）の実績を誇る。

★設置部

卓球、陸上競技、剣道、バスケットボール、バレーボール（女）、吹奏楽、茶華道、電気物理、放送、ホームメイキング

［行　事］

・中学１・２年次に**国際交流活動**を、中学３年次に**国内語学研修**を、高校２年次に**海外交流研修**をそれぞれ実施する予定。学問探究の基礎力や国際感覚の醸成をはかる。

・**文化祭**や**体育祭**などは中高合同で行われる。

［進　路］

・卒業後は宗像高校の普通科へ進学する。

・中学２年次に**職場体験活動**を行う。

・高校３年次には希望する進路に対応した講座が開かれるほか、小論文・面接指導なども行われる。

★卒業生の主な合格実績

東京大、京都大、筑波大、大阪大、九州大、九州工業大、福岡教育大、広島大、長崎大、熊本大、大分大、東京外国語大、北九州市立大、福岡女子大

［トピックス］

宗像高校には**寄宿舎**が設置されており、中学生も通学時間等を考慮して利用が可能。

県立 嘉《か》穂《ほ》高《こう》等《とう》学《がっ》校《こう》附《ふ》属《ぞく》 中学校

〒820-0021　飯塚市潤野8-12
☎0948-22-3273
交通　ＪＲ新飯塚駅　バス

https://kaho-j.fku.ed.jp/

［プロフィール］

・平成27年４月開校。

・母体校の嘉穂高校は明治35年以来120年の歴史を有する伝統校。

［カリキュラム］

・**50分×6時間授業**。

・**英語**の授業は週５時間。10ミニッツイングリッシュ（10分間学習）も活用し、英語によるコミュニケーション能力を養成する。

・嘉穂Dream Compass（総合的な探究の時間）では、**博物館研修**（１年）、**宿泊体験**（２年）、**東京大学・九州大学・企業・研究所訪問**（３年）を実施。

・**イングリッシュセミナー**として、**英語劇**（１年）、**英語でディベート**（２年）を行う。

［部活動］

・中学３年の夏の大会終了後、高校の部活動に参加できる**早期入部制度**を導入。

・約80％が部活動に加入している。

★設置部

陸上競技、ソフトテニス、水泳、剣道、柔道、総合運動、サイエンス、チャレンジ、吹奏楽、書道、華道、美術、合唱、英会話、新聞

［行　事］

・文化祭や体育祭は中高合同で実施。

・**宿泊体験活動**が充実。また、ボランティア活動や地域の伝統行事に参加し、豊かな人間性・道徳性を養う。

［進　路］

・卒業後は嘉穂高校の普通科へ進学する。普通科武道・日本文化コースおよび理数科へは進学できない。

・**キャリアプランニングプログラム**として、中学１年次に職業調べを、中学２・３年次に職場体験・実習を実施し、高校では大学の出前授業やオープンキャンパスなどに参加する。

★卒業生の主な進学先

東京大、一橋大、北海道大、東北大、九州大、九州工業大、福岡教育大、佐賀大、長崎大、熊本大、大分大、宮崎大、鹿児島大、北九州市立大、福岡県立大、長崎県立大、慶應義塾大、早稲田大、同志社大、立命館大

［トピックス］

母体校の嘉穂高校は文部科学省指定の**スーパーサイエンスハイスクール**（平成23～29年度）として九州工業大学と連携した研究活動などに取り組んでいた。その成果を生かすと共に、本校の伝統的な取組みを受け継ぐキャリア教育として、29年度より**嘉穂Dream Compass**を開始している。

県立 輝《き》翔《しょう》館《かん》 中等教育学校

https://kishou.fku.ed.jp/

〒834-1216　八女市黒木町桑原10-2
☎0943-42-1917
交通　通学バスあり

［プロフィール］

・平成16年４月に中等教育学校として開校した中高一貫教育校。
・「21世紀でACE（エース）となる人間」を育成している。

［カリキュラム］

・**二学期制**。
・**50分×７時限授業**。
・英語・数学では**習熟度別・少人数授業**や**ティーム・ティーチング**を実施。
・**ACEプロジェクト**として、茶道、「知的チャレンジ活動」、スピーチコンテストなどが行われ、学力の伸長だけでなく、「マナー教育」や「夢づくり・体験」を主眼においた指導も行われている。
・**土曜セミナー**〔午前中４時間の授業〕が年間15回行われる。

［部活動］

後期ラグビー部は令和３年度九州大会出場（２年連続）という成績を収めている。

★設置部

硬式野球、陸上競技、ラグビー、バスケットボール、バレーボール（女）、剣道、空手道、卓球、柔道、駅伝、吹奏楽、パソコン、美術、茶道、競技かるた

［行　事］

・スプリングセミナーは新入生を対象に行われ（２泊３日）、学校生活の基本や勉強のしかたについて教わる。
・体育大会は生徒が主体となってすべての運営・企画を行う。

４月　スプリングセミナー
５月　体育大会
10月　英語スピーチコンテスト
11月　文化発表会
12月　修学旅行
２月　６年生を送る会

［進　路］

・独自の進路指導システム「**ライフプランニング**」の一環として、職場体験・大学訪問・大学講座などを実施。
・週２時間の「**チャレンジタイム**」では、英語検定や数学検定などの資格取得に向けた指導が行われる。

★卒業生の主な進学先

九州大、福岡教育大、熊本大、大分大、東京理科大、同志社大、立命館大、福岡大、西南学院大、久留米大

［トピックス］

・県内唯一の中等教育学校。高校での新規募集は行わないが、編入学者選抜（第４学年当初）が行われる場合がある。その場合は志願者全員に面接及び作文が課される。
・通学が困難な生徒のために**藤波輝翔館寮**がある。
・原付バイクでの通学も可（校内説明会あり）

入試！インフォメーション

※本欄の内容は令和６年度入試のものです。

志願状況

学　校　名	募集定員	志願者数	倍　率
育徳館中学校	120	191	1.59
門司学園中学校	120	152	1.27
宗像中学校	80	252	3.15
嘉穂高等学校附属中学校	80	195	2.44
輝翔館中等教育学校	120	99	0.83
合　計	520	889	1.71

福岡県立
中学校・中等教育学校

出題傾向の分析と合格への対策

●出題傾向と内容

2022年度は適性検査と作文で実施され，適性検査の試験時間は50分，作文の試験時間は40分であった。

適性検査は大問3題，小問6～7題で構成されていた。理科分野からは，実験，現象について考察や説明させる問題が記述式で，社会分野からは，資料の分析，情報の要点をつかみ，まとめる記述の問題，算数分野からは，思考力を問われ，考えを論理的に説明する能力が求められる問題が出題されていた。また，家庭科などと融合させた問題が出題されることもあった。

作文に関しては，2015年度入試までは各学校がそれぞれ独自の出題をしていたが，2016年度より全校共通問題となった。小問1～2題で構成され，課題文をもとに自分の考えをまとめ，理由を含めて作文をする問題が出題された。字数は合計で400字～600字であり，各校が独自出題を行っていたときより記述量が増加している。例年，問題解決能力を問う問題が出題されていた。課題文をよく分析し，自分の意見を交えながら，限られた文字数の中で筋道を立てて主張をまとめる力が求められる。

また，2023年度からは，適性検査Ⅰ(その1，その2)，適性検査Ⅱ・作文(その1，その2)という形式となり，それぞれ試験時間は40分となった。

適性検査Ⅰは大問2題，小問4～5題で構成され，出題内容は例年の適性検査同様であった。

適性検査Ⅱ・作文は大問1題，小問3題で構成され，話し合いの資料内の説明部分の空欄を考えさせる問題2題，条件をもとに自分の考えを300～400字でまとめさせる問題が1題出題された。

● 2025 年度の予想と対策

2023年度からの出題形式がしばらく続くのではないかと予想される。

適性検査Ⅰは，理科分野教科知識を活用し「なぜ」を問うものや「どうなるか」を考えさせて理由を説明させるものが出題される。普段の授業での実験で仮説を立て考察する習慣を身につけておくことは有効である。算数分野は，小問ごとの見たい力にばらつきがあるかもしれない。また，難度の少し高いものが出題されることも考えられる。基本知識を組み合わせて活用する問題であるが，ある程度難しい問題の演習をして，算数的な思考法を身につけておくべきである。さらに，思考力を問われる問題にも慣れておく必要がある。どの問題でも，情報を正しく読み取る力，そこから考えられることは何かという思考力，別の資料と組み合わせて考察するという分析力が問われることが予想される。

適性検査Ⅱ・作文では，資料内の空欄を作文させる問題や，条件にそって自分の考えを300～400字程度で作文させる問題など，あらゆる問題に対して早くまとめる力が必要となる。普段から文字数や条件によって段落構成を意識して作文を書くトレーニングをすることが重要である。

学習のポイント

応用力・推理力をつけるために，日ごろから応用問題に慣れておくとよい。また，作文については，実際の試験と同じ400～600字を想定し，意見文を書く練習をしておくとよいだろう。

2024年度

★★★★★★★★★★★★★★★★★★★★★★

入　試　問　題

2024年度

福岡県立中学校・中等教育学校入試問題

【適性検査Ⅰ】（40分）

1　山下さんの夏休み中のできごとです。

問１　山下さんの妹は，自由研究で，ストロー内の水面の上下で温度変化が分かるストロー温度計（**図１**）を作っています。下の□は，妹が作ったストロー温度計（**図２**）にストロー内の水面の位置を記録していたときの，山下さんと妹の会話の一部です。

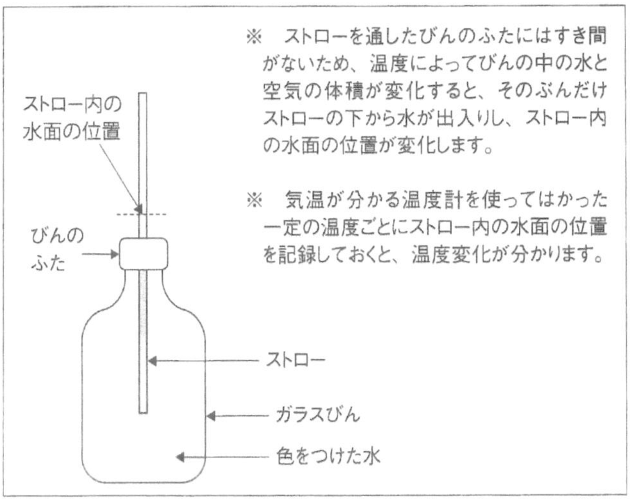
※　ストローを通したびんのふたにはすき間がないため、温度によってびんの中の水と空気の体積が変化すると、そのぶんだけストローの下から水が出入りし、ストロー内の水面の位置が変化します。
※　気温が分かる温度計を使ってはかった一定の温度ごとにストロー内の水面の位置を記録しておくと、温度変化が分かります。
ストロー内の水面の位置
びんのふた
ストロー
ガラスびん
色をつけた水

図１

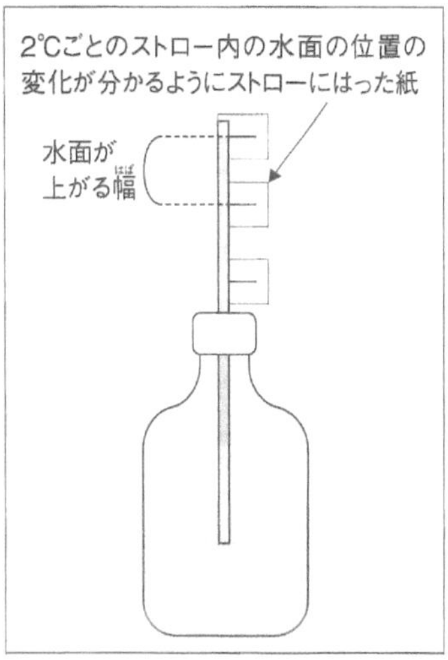
2℃ごとのストロー内の水面の位置の変化が分かるようにストローにはった紙
水面が上がる幅《はば》

図２

妹　：「ストローの上から水があふれそうだね。これだと，4℃ぶんの変化しか分からないね。もっと大きな温度変化が分かるストロー温度計にするには，どうすればいいのかな。」

山下：「あなたが作った温度計の，びんの中の水の量を増やすだけでいいよ。水の量を増やして，ストロー内の水面の位置を記録し直してごらん。」

妹　：「どうして，その方法でできるのかな。」

山下：「**それはね，**□」

山下さんは会話の中の**それはね，**に続けて□で，びんの中の水の量を増やすことで，もっと大きな温度変化が分かるストロー温度計にできる理由を説明しました。あなたが山下さんだったら，どのように説明しますか。あたためられたときの水と空気の変化の違《ちが》いが，ストロー内の水面が上がる幅とどのように関係しているのかを明らかにして，下の□にかきましょう。

問2　山下さんと祖母は草が生えないように，地面をおおうシートにUピン杭《くい》（**図3**）を打っていました。途中《とちゅう》でUピン杭を抜《ぬ》くために，棒《ぼう》を使ってUピン杭を少し引き上げようとした（**図4**）ところ，祖母が「もっと小さな力で引き上げる方法があるよ。」と教えてくれました。

〔Uピン杭〕

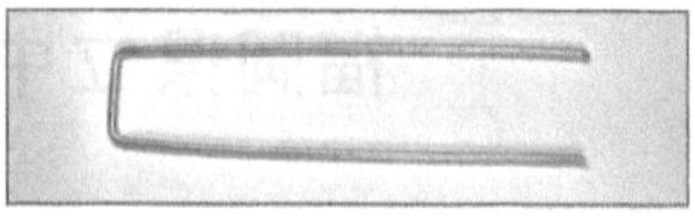

図3

〔Uピン杭を引き上げる様子〕

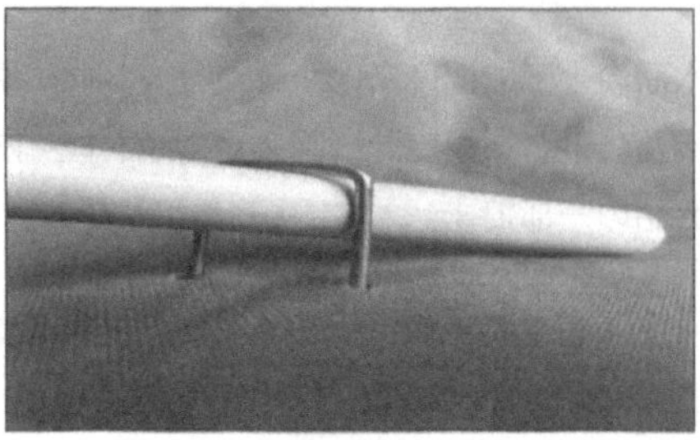

図4

〔山下さんの方法〕

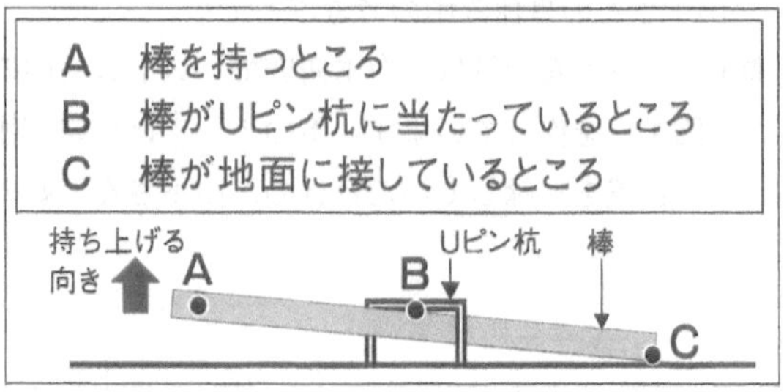
A　棒を持つところ
B　棒がUピン杭に当たっているところ
C　棒が地面に接しているところ
持ち上げる向き
A
B
Uピン杭
棒
C

図5

山下さんは，下の**ア**～**エ**の方法を試《ため》してみました。

ア（図5のBを変えずにAを変える）

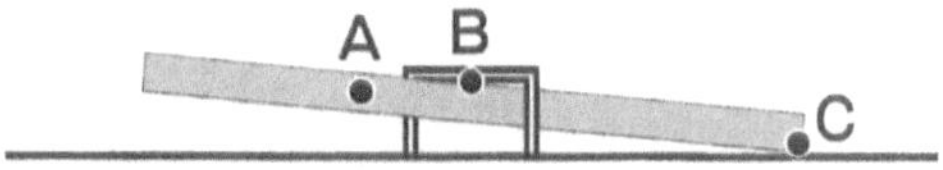
A
B
C

イ（図5のAを変えずにBを変える）

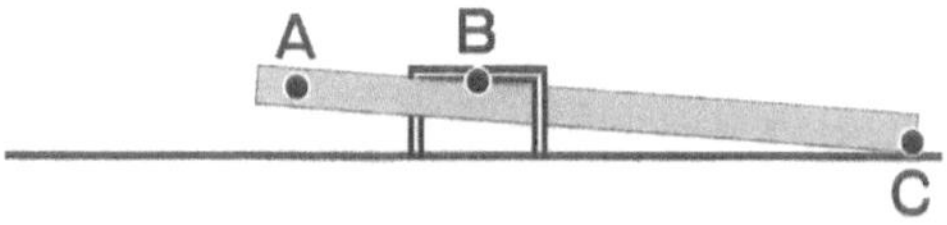
A
B
C

ウ（図5のAを変えずにBを変える）

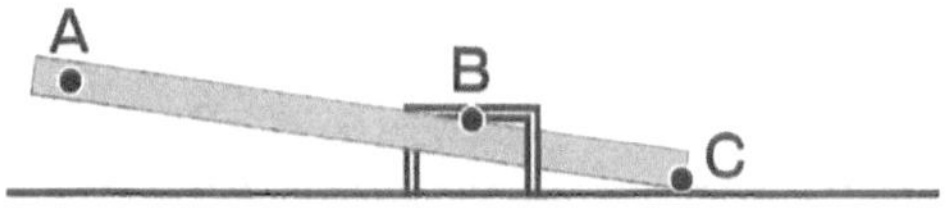
A
B
C

エ（図5のAもBも両方とも変える）

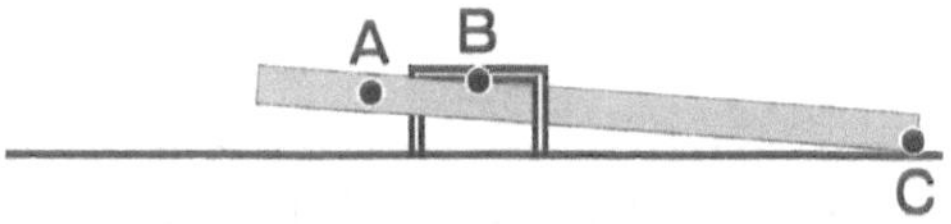
A
B
C

※　棒の長さはすべて同じものとします。

下の□の**【支点】**には，図5の中で支点の場所がどこか，**A**～**C**の中から1つ選んで記号をかき，**【方法】**には，図5の方法よりも小さな力で引き上げることができた方法はどれか，**ア**～**エ**の中から1つ選んで記号をかき，**【理由】**には，その方法を選んだ理由をかきましょう。そのとき，**【理由】**については，次の「　」の中のすべての言葉を必ず1回以上使ってかきましょう。

「　作用点　　きょり　」

【支点】	**【理由】**
【方法】	

2　森口さんの小学校では，地域《ちいき》のさまざまな場所を訪《おとず》れて体験活動を行う「**地域発見フィールドワーク**」をします。

問１　森口さんたちの班《はん》は，フィールドワークの計画を立てることになりました。下の〔**資料１**〕は，先生から配られた案内図とフィールドワークの条件がかかれたプリントです。

〔資料１〕案内図とフィールドワークの条件

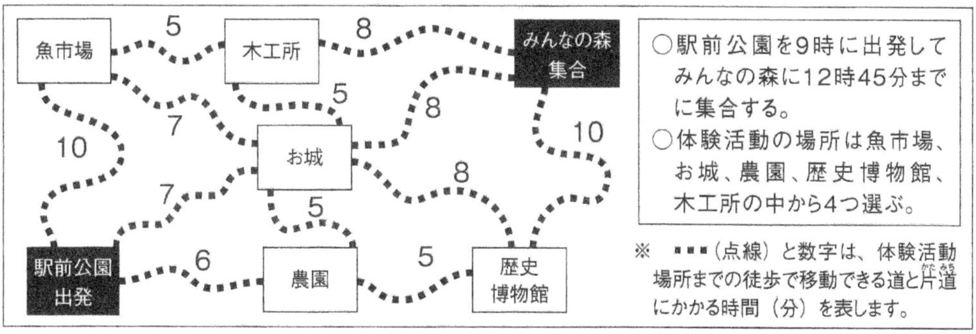
魚市場
木工所
みんなの森
集合
お城
駅前公園
出発
農園
歴史
博物館
5
8
5
8
7
10
10
7
8
5
6
5
○駅前公園を9時に出発してみんなの森に12時45分までに集合する。
○体験活動の場所は魚市場、お城、農園、歴史博物館、木工所の中から4つ選ぶ。
※　■■■（点線）と数字は、体験活動場所までの徒歩で移動できる道と片道《かたみち》にかかる時間（分）を表します。

森口さんたちの班は，フィールドワークの計画について話し合っています。次の［　　］は，そのときの会話の一部です。

森口：「この前の話し合いでは，先生から配られた〔**体験活動カード**〕をもとに，木工所の寄木《よせぎ》体験とお城の忍者《にんじゃ》体験を必ずしようと決めたよね。」

川上：「みんなお城が好きだから，〔**体験活動カード**〕にかかれている忍者体験の時間とは別に，お城の中を見学する時間をとりたいね。」

田中：「お城の中も見学するなら，忍者体験の30分間と見学を合わせてお城で過ごす時間を決めよう。」

森口：「お城で過ごす時間が最も長くなるように，回る順番と場所を考えて計画書を作ろう。」

〔体験活動カード〕

魚市場	お城	農園	歴史博物館	木工所
時間　45分間	時間　30分間	時間　45分間	時間　40分間	時間　60分間
内容　せり体験	内容　忍者体験	内容　みかんがり	内容　勾玉《まがたま》づくり	内容　寄木体験

森口さんたちの班は，〔**資料１**〕をもとに計画を考えました。森口さんたちの班の【**地域発見フィールドワーク計画書**】を完成させましょう。

（【**地域発見フィールドワーク計画書**】は次のページにあります。）

【地域発見フィールドワーク計画書】

回る順番	場所	場所で過ごす時間	次の場所への出発時刻《じこく》
	駅前公園		9：00
1		分間	：
2		分間	：
3		分間	：
4		分間	：
	みんなの森		

問２　森口さんたちの班は，木工所で寄木のコースターづくり**〔資料２〕**を体験しています。次の［　　］は，そのときの会話の一部です。

〔資料２〕寄木のコースター

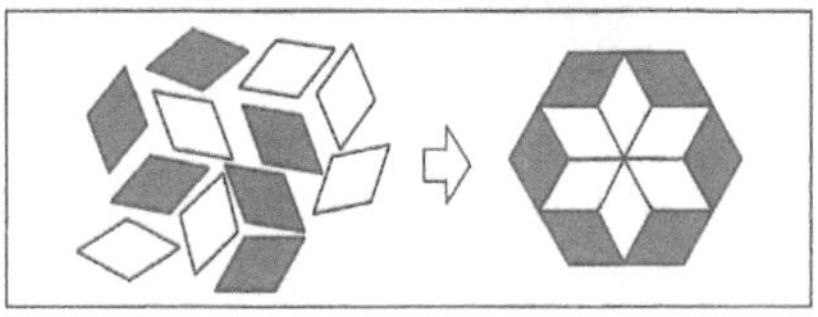

職人：「ここでは，**ア**～**エ**の三角形や四角形（**図１**）をしきつめて正六角形のコースターを作ります。」

森口：「私《わたし》は，**ア**の正三角形と**イ**のひし形の２種類で作ってみたいです。」

職人：「**ア**と**イ**の辺の長さはすべて等しく，**ア**を２まい並《なら》べると**イ**になります。それらをしきつめていくと正六角形になりますよ。」

森口：「**ア**を集めると小さな正六角形ができました。さらに**ア**と**イ**を使ってもっと大きな正六角形を作ることはできますか。」

職人：「はい。森口さんが作った正六角形をこの台紙の真ん中に置いて（**図２**），その周りに**ア**と**イ**を［　　］まいずつしきつめてもできます。」

田中：「私は，**ウ**と**エ**の二等辺三角形だけを使ってコースターを作りたいな。おすすめはありますか。」

職人：「**ウ**を18まい使うとできます（**図３**）。きれいに作るには，その18まいのうち８まいを**エ**と入れかえて，線対称《たいしょう》であり点対称でもある図形にするといいですよ。」

田中：「ありがとうございます。その方法で，作ってみます。」

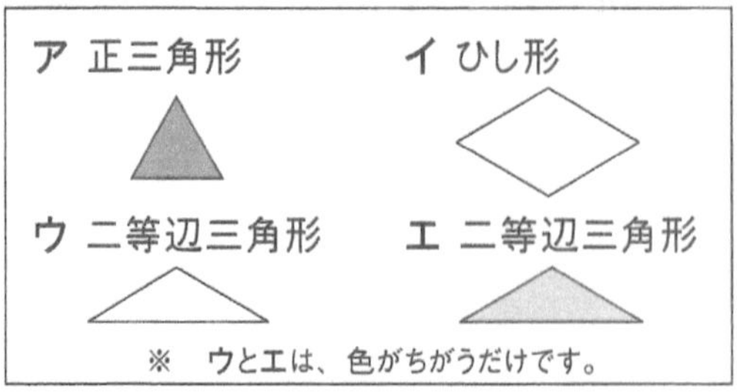
ア 正三角形
イ ひし形
ウ 二等辺三角形
エ 二等辺三角形
※　ウとエは、色がちがうだけです。
図１

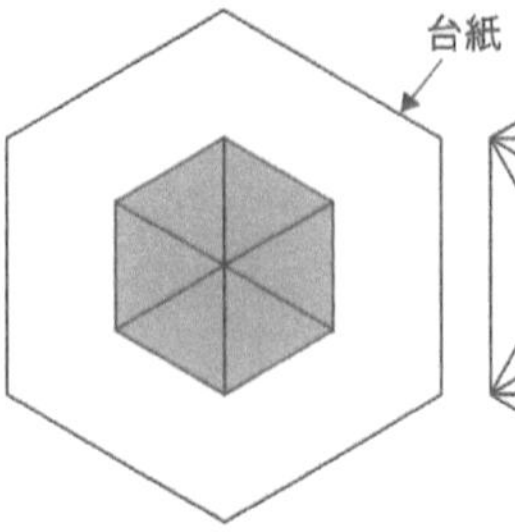
台紙
図２

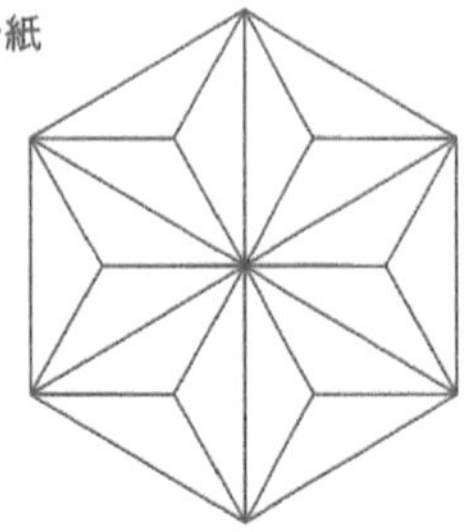
図３

(1)　会話の中の□に入る数を，次の□にかきましょう。

□ まいずつ

(2)　下の□の図形に，**エ**の二等辺三角形を使った部分に色をぬって，田中さんが作ろうとしている模様《もよう》を３つ作りましょう。ただし，回転すると同じものは１つとします。また，色をぬるときは，はみださないように注意しましょう。

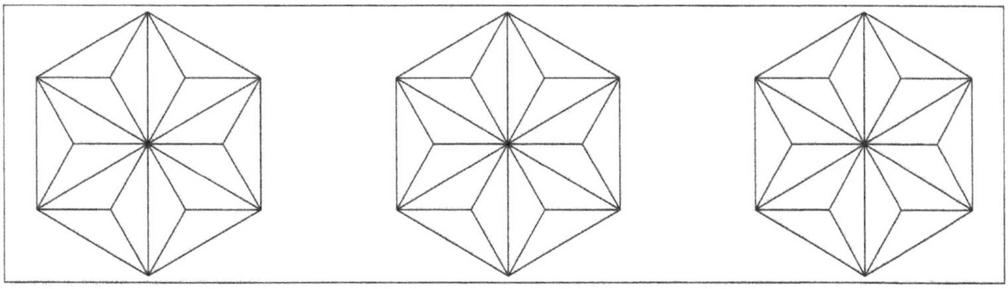

〔解答用紙〕

300

400

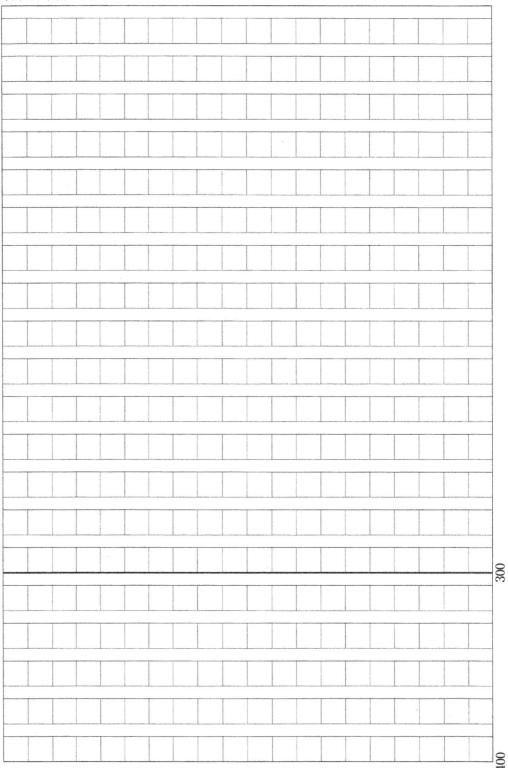

② これから、食品ロスを減らすために、どのような取り組みをやってみたいか

そのとき、次の【**注意**】にしたがって、解答用紙にかきましょう。

【**注意**】
◎ 解答用紙には、題や氏名はかかないで、たてがきでかきましょう。
◎ 一マス目からかき始めましょう。
◎ 段落《だんらく》は変えないでかきましょう。
◎ 句読点やかぎかっこは、一字と数えましょう。
◎ 文章を見直すときには、次の（例）のように、付け加えたり、けずったり、かき直したりしてもかまいません。

（例）

朝の会で、私が 司会をしているとき、友達が~~やさしく~~意見を~~書って~~だしてくれました。

〔資料４〕家庭の食品ロスの量の推移と目標値

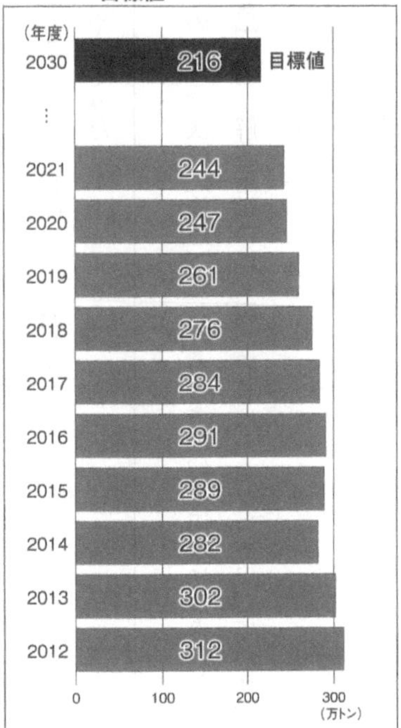

参照：消費者庁「食品ロス削《さく》減《げん》関係参考資料」

井上：「日本では、家庭の食品ロスの量を、二〇三〇年度までに二〇〇〇年度の半分に減らすという目標を立てているそうだよ。二〇〇〇年度が四百三十三万トンだったから、目標《もくひょう》値《ち》は、二百十六万トンだね。〔資料４〕を見ると、各家庭の努力によって、食品ロスはどんどん減少していることが分かるね。」

高木：「二〇一五年度から二〇二〇年度の五年間で四十万トン以上減っているから、同じペースで減っていくと考えれば、二〇三〇年度には、百六十九万トンになり、目標は十分に達成できそうだよ。」

木山：「そのようにも考えられるけど、私は少し心配だな。グラフの見方にはいろいろあるから、最新の情報に着目して、二〇二〇年度から二〇二一年度の一年間で減った量をもとに考えてみると、目標が達成できないかもしれないよ。**それはね、**□」

木山さんは、会話の中の**それはね、**に続けて、□で、目標値の二百十六万トン以下にならないかもしれないと考えた理由を、〔資料４〕をもとに説明しています。あなたが木山さんだったら、どのように説明しますか。〔資料４〕のどこに着目して考えたのかを明らかにして、次の□にかきましょう。

問２ 木山さんたちは、これまでの学習を通して、これからは、自分たちができることから食品ロスを減らしていくことが大切であることに気づきました。そして、自分たちと食品との関わり方をふり返りました。

あなたは、なぜ食品ロスを減らしていくことが大切だと思いますか。また、あなたがこれから食品ロスを減らすために、どのような取り組みをやってみたいですか。

取り組みの具体例を挙げ、次の**【条件】**に合わせて、解答用紙に三百字から四百字でかきましょう。

【条件】

次の①②についてかくこと

① これまでの学習から、なぜ食品ロスを減らしていくことが大切だと思うか

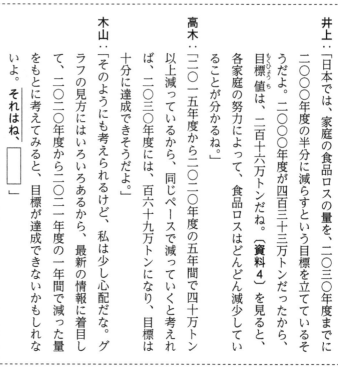

【適性検査Ⅱ・作文】（四〇分）

3 木山さんの学級では、総合的な学習の時間に「私《わたし》たちのくらしと食生活」というテーマで、班《はん》に分かれて学習しています。

問1 木山さんたちの班は、食品ロスについて調べています。

（1） 木山さんたちの班では、食品ロスを減らすための具体的な取り組みについて、資料をもとに、話し合っています。次の □ は、そのときの会話の一部です。

木山：「食品ロスとは、まだ食べられるのに捨《す》てられる食品のことだと学習したよね。その食品ロスを減らすための取り組みとして、『てまえどり』というものがあるみたいだよ〔資料1〕。」

高木：「『てまえどり』とは、購入《こうにゅう》してすぐに食べる場合には、商品棚《だな》の手前にある商品を取ることをすすめる取り組みだって。」

木山：「そうなんだね。でも、商品棚の手前にある商品を取ることと、食品ロスを減らすことには、どのような関係があるのかな。」

先生：「〔資料2〕と〔資料3〕をもとに考えると、食品ロスを減らすために『てまえどり』をすすめる理由が分かりませんか。」

木山：「**そうか、**□」

〔資料1〕『てまえどり』を呼《よ》びかける広告

すぐに食べるなら
てまえどり
手前から取ってね～
食品ロス
みんなで
減らそう
福岡県
GOALS

〔資料2〕賞味期限のあつかいについて

賞味期限とは、おいしく食べることができる期限のことである。賞味期限を過ぎた商品は、すぐに食べられなくなるわけではないが、捨てることにしているお店が多い。

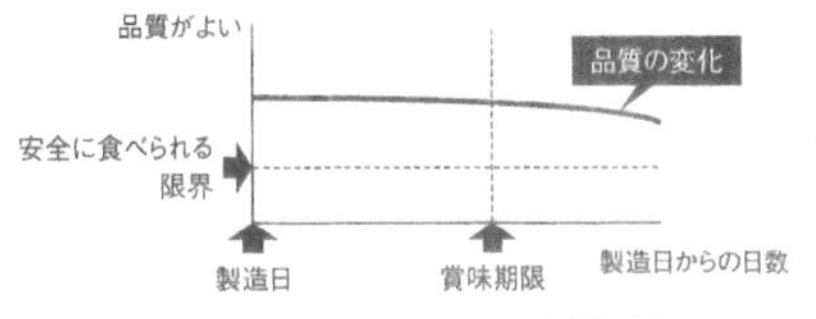
品質がよい
品質の変化
安全に食べられる
限界
製造日
賞味期限
製造日からの日数

参照：消費者庁《しょうひしゃちょう》「期限表示」

〔資料3〕商品の並《なら》べ方について

コンビニエンスストアなどでは、現在並べられている商品の後ろ（奥《おく》の方）に新しく仕入れた商品を並べる。特に、食品などを並べるときの基本となる。

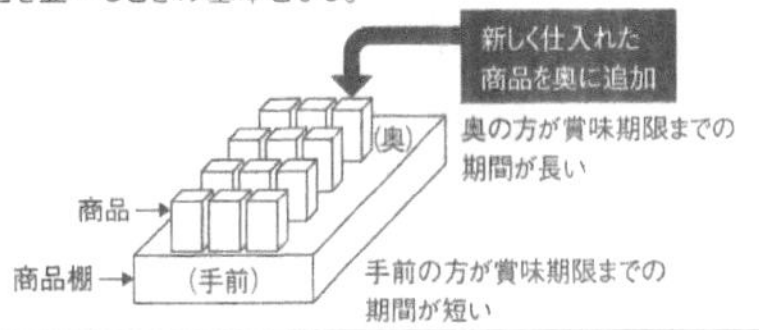
新しく仕入れた
商品を奥に追加
（奥）
奥の方が賞味期限までの
期間が長い
商品
商品棚
（手前）
手前の方が賞味期限までの
期間が短い

木山さんは、会話の中の**そうか、**に続けて □ で、食品ロスを減らすために『てまえどり』をすすめる理由について〔資料2〕と〔資料3〕の二つの資料をもとにして説明しています。あなたが木山さんだったら、どのように説明しますか。次の □ にかきましょう。

（2） 木山さんたちの班は、家庭の食品ロスの量の推移《すいい》について、資料をもとに話し合っています。次の □ は、そのときの会話の一部です。

MEMO

大切なことはメモしておこうネ！

2024 年 度

解 答 と 解 説

＜適性検査Ⅰ解答例＞《学校からの解答例の発表はありません。》

（その１）

1　問１　水の方が，空気よりもあたためられたときの体積の変化が小さいからだよ。びんの中の水の量を増やすと，びんの中の空気の量が減って，びんの中全体の体積の変化が小さくなるから，水面の上下する幅が小さくなるんだ。そうすると，もっと大きな温度変化が分かるようになるよ。

問２　【支点】　C

【方法】　ウ

【理由】　Uピンくいを引き上げるのに，てこの仕組みを利用している。図５より，Aが力点，Bが作用点である。支点から力点までのきょりが遠く，支点から作用点までのきょりが近いほど，より小さい力で持ち上げられるので，AとCの間のきょりが長く，BとCの間のきょりが短いウを選んだ。

（その２）

2　問１

【地域発見フィールドワーク計画書】			
回る順番	場所	場所で過ごす時間	次の場所への出発時刻《じこく》
	駅前公園		9：00
1	農園	45　分間	9：51
2	歴史博物館	40　分間	10：36
3	お城	48　分間	11：32
4	木工所	60　分間	12：37
	みんなの森		

問２　(1)　6（まいずつ）

(2)

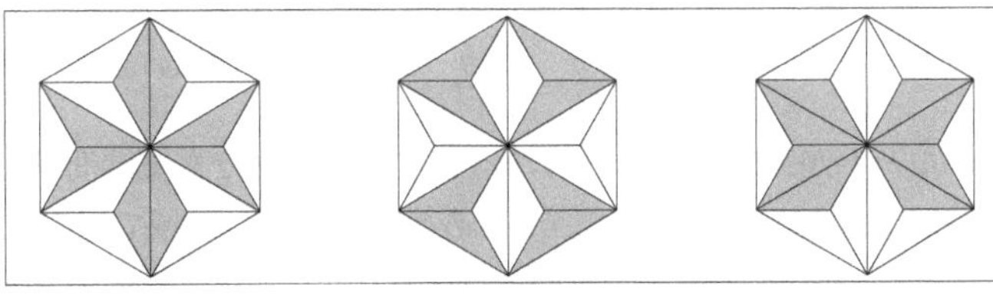

＜適性検査Ⅰ解説＞

（その１）

1　（理科：状態変化，てこのはたらき）

問１　図１，図２と会話文を参考に，あたためられたときの水と空気の変化の違《ちが》いと，ストロー内の水面が上がる幅《はば》との関係について記述しよう。あたためられたときの体積の変化は，水の方が空気よりも小さい。そのため，びんの中の空気を減らして水を増やせば，びんの中全体の体積の変化が小さくなって，ストロー内の水面が上がる幅を小さくできる。

基本　問２　図５から，てこの仕組みが使われていることに気づきたい。てこを支えている位置が支点，力を加えている位置が力点，力がはたらく位置が作用点であるので，図５ではＡが力点，Ｂが作用点，Ｃが支点である。より小さい力で杭《くい》を引き上げるためには，支点と力点の間のきょりを長く，支点と作用点の間のきょりを短くすればよい。「作用点」，「きょり」という言葉を必ず１回以上使って理由をかくことに注意する。

（その２）

2　**（算数：組み合わせ，時間の計算，平面図形）**

重要　問１　〔資料１〕と会話文から，森口さんたちの班《はん》の**【地域《ちいき》発見フィールドワーク計画書】**を作るのに必要な条件をおさえる。駅前公園を９時に出発し，みんなの森に12時45分に集合するので，自由に活動できる時間は３時間45分，すなわち225分間である。この間に，体験活動の場所を４つ回る必要がある。森口さんたちの班では，木工所とお城に行くことが決まっており，お城で過ごす時間が最も長くなるようにする必要がある。よって，まずは遠まわりや余計な移動がないルートで，木工所とお城を入れた４つの体験活動の場所を回る組み合わせを考えてから，残った時間をお城の見学時間にするように，計画を考える。

条件をおさえた体験活動の場所のルートは，以下の３通りが考えられる。

①　駅前公園→農園→歴史博物館→お城→木工所→みんなの森
②　駅前公園→農園→お城→魚市場→木工所→みんなの森
③　駅前公園→魚市場→木工所→お城→歴史博物館→みんなの森

〔資料１〕と〔体験活動カード〕から，それぞれのルートを最短で回ったときにかかる時間を求めると，下のようになる。

①
駅前公園 ⟶ 農園 ⟶ 歴史博物館 ⟶ お城 ⟶ 木工所 ⟶ みんなの森
6分　(45分)　5分　(40分)　8分　(30分)　5分　(60分)　8分　計207分

②
駅前公園 ⟶ 農園 ⟶ お城 ⟶ 魚市場 ⟶ 木工所 ⟶ みんなの森
6分　(45分)　5分　(30分)　7分　(45分)　5分　(60分)　8分　計211分

③
駅前公園 ⟶ 魚市場 ⟶ 木工所 ⟶ お城 ⟶ 歴史博物館 ⟶ みんなの森
10分　(45分)　5分　(60分)　5分　(30分)　8分　(40分)　10分　計213分

よって，①のルートが最短であると分かる。自由に活動できる時間は225分間なので，お城を見学する時間は，225－207＝18(分間)ある。よって，お城で過ごす時間は，忍者《にんじゃ》体験の時間と合わせて，30＋18＝48(分間)になる。あとは，慎重《しんちょう》に計算しながら次の場所への出発時刻《じこく》を考えていけばよい。

問２　⑴　森口さんが作った正六角形の周りには，アを18まい並《なら》べることができる。アとイを同じまい数ずつしきつめる場合，アを２まい並べるとイになることから，18÷(1＋2)＝6より，アとイをそれぞれ６まいずつしきつめればよいと分かる。このようにしてしきつめると，例えば右図のようになる。

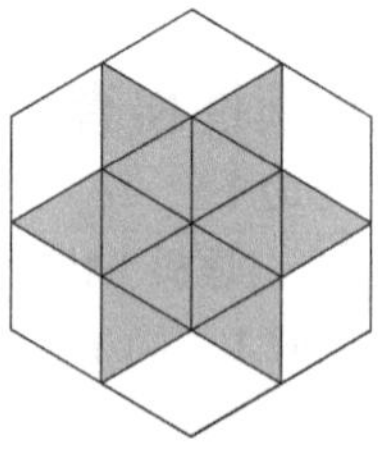

⑵　線対称《たいしょう》は半分に折り曲げると図形がぴったり重なる状態，点対称は180°回転させると図形がぴったり重なる状態のことである。半分に図形を折り曲げたときに重なる部分と，図形を180°回転させたとき(反対から見たとき)に重なる部分８か所に色をぬっていけばよい。

解答例以外には，次の３つのパターンがある。

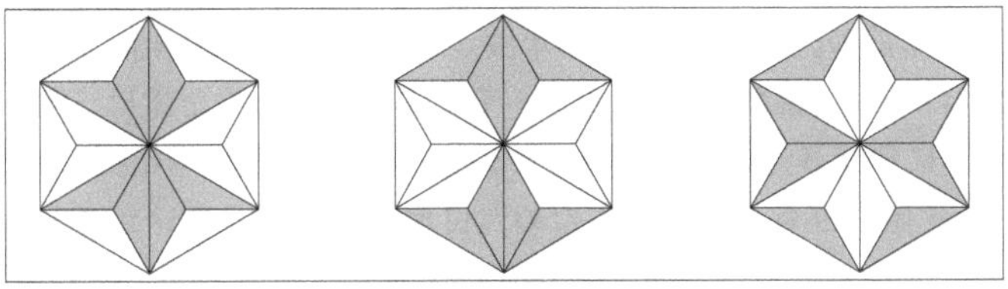

★ワンポイントアドバイス★

聞かれている内容を理解し，それに合った解答ができるようにしよう。解答に入れなければならない条件をわすれていないか，見直しをしっかりしよう。計算量が多い問題では，ミスがないように落ち着いて計算しよう。

＜適性検査Ⅱ・作文問題解答例＞《学校からの解答例の発表はありません。》

（その１）

③　問１　⑴　〔資料２〕によると，賞味期限を過ぎた食品は，すぐに食べられなくなるわけではないけれど，捨てることにしているお店が多いから，〔資料３〕のように，手前に並べられた賞味期限までの期間が短い商品からこう入すれば，賞味期限を過ぎて捨てられてしまう食品を減らすことができるんだね。

⑵　〔資料４〕の二〇二〇年度の値と二〇二一年度の値に着目すると，二〇二〇年度から二〇二一年度の一年間で減った量は三万トンだけだから，これと同じペースで減っていくと考えると，二〇三〇年度の食品ロスの量は二百十七万トンになって，目標値よりも高くなってしまうからだよ。

（その２）

問２　私は，これまでの学習から，まだ食べられる食品が捨てられていることや，家庭の食品ロスの量が二百万トン以上も出ていることを知り，とてももったいないと感じたので，食品ロスを減らしていくことは大切だと思いました。私は食品ロスを減らすために，給食を残さないようにしたいと思います。私はこれまで，何度も食べきれなかった給食を残していました。しかし，残した給食は捨てられてしまうので，それをなくせば食品ロスを減らすことができると考えました。具体的には，給食が配られたときに，食べきれないと思った分は，だれかにあげたり，だれかがおかわりできるようにもどしたりしたいです。また，それだけではなく，食べられそうなときは積極的におかわりもして，クラス全体でも給食を残さないようにしたいです。

＜適性検査Ⅱ・作文問題解説＞

3　**（国語：資料の読み取り，条件作文）**

基本

問１　⑴　会話文と〔**資料２**〕，〔**資料３**〕から分かることをまとめ，なぜ『てまえどり』をすれば食品ロスを減らすことができるのか説明する。〔**資料２**〕，〔**資料３**〕から読み取ったことも説明に入れる。

⑵　木山さんの空らん前の発言から，2020年度から2021年度の１年間で減った量に注目していることが分かる。〔**資料４**〕を見ると，その１年間で減った量は３万トンだったと分かる。同じように毎年３万トンずつ減っていくとすると，2030年度には217万トンになり，これは目標《もうひょう》値《ち》よりも多い。そのため，目標が達成できないかもしれないと考えられる。１年間で減る食品ロスの量がだんだん小さくなっていることに注目し，2030年の食品ロスの量が216万トンまで減らない可能性があることについて述べてもよい。□にあてはまるように，文末を理由を表す「～だからだよ。」「～のためだよ。」などとする。〔**資料４**〕から読み取った内容を書くことと，2020年度から2021年度の１年間で減った量にも注目することをわすれないようにする。

問２　**【条件】**をふまえて構成を考える。最初に，これまでの学習から食品ロスを減らすことがなぜ大切だと思うかをかく。**問１**⑴，⑵をふまえた内容にするとよい。次に，自分が食品ロスを減らすためにしたい取り組みについて，具体例を挙げて説明する。はじめに自分がしたい取り組みを明示してから，なぜそうしたいか，具体的に何をするかをかくとよい。**【注意】**にしたがって解答する。

★ワンポイントアドバイス★

会話文をよく読んで，どこに注目すべきかをふまえて，資料を確認《かくにん》しよう。作文では，【条件】や【注意】に気をつけて，何をかくか決めてからかき始めるとよい。資料や会話文に対して，自分の感想や意見をまとめられるようにしよう。

2023年度

入試問題

2023年度

福岡県立中学校・中等教育学校入試問題

【適性検査Ⅰ】（40分）

1 木村さんは，夏休みに兄や弟と一緒《いっしょ》に過ごしています。

問１　家族との外出から帰ってきた木村さんがアイスクリームを取るために冷凍室《れいとうしつ》を引き出すと，引き出した部分の下側に白い煙《けむり》のようなもの（図１）が現れました。

　下は，白い煙のようなものが現れた理由を兄にたずねているときの，木村さんと兄との会話の一部です。

【冷蔵庫《れいぞうこ》を横から見た図】

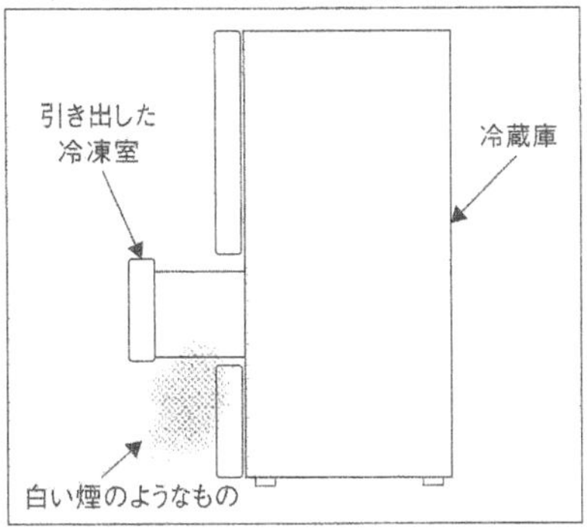
引き出した
冷凍室
冷蔵庫
白い煙のようなもの

図１

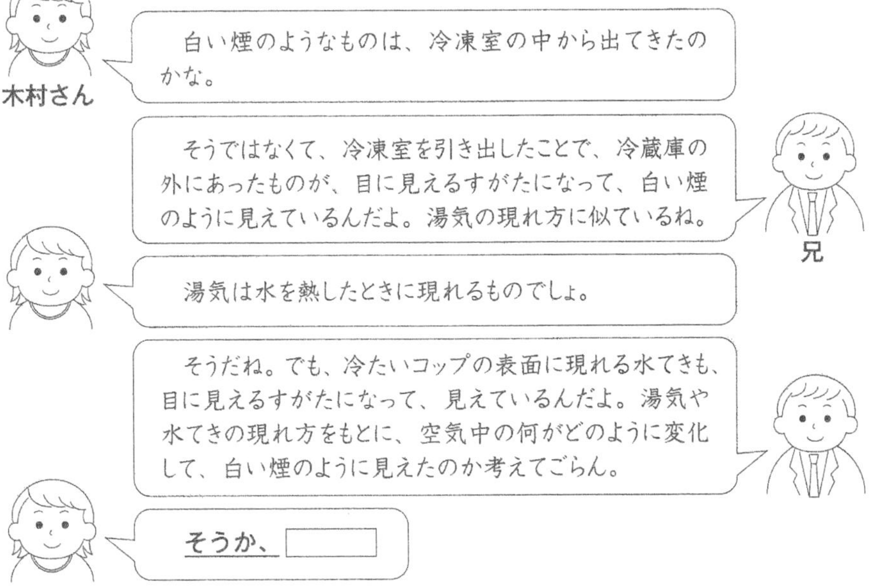
木村さん
白い煙のようなものは、冷凍室の中から出てきたのかな。
そうではなくて、冷凍室を引き出したことで、冷蔵庫の外にあったものが、目に見えるすがたになって、白い煙のように見えているんだよ。湯気の現れ方に似ているね。
兄
湯気は水を熱したときに現れるものでしょ。
そうだね。でも、冷たいコップの表面に現れる水てきも、目に見えるすがたになって、見えているんだよ。湯気や水てきの現れ方をもとに、空気中の何がどのように変化して、白い煙のように見えたのか考えてごらん。
そうか、

　木村さんは会話の中の**そうか，**に続けて □ で，「白い煙のようなものが現れた理由」を説明しています。あなたが木村さんだったら，どのように説明しますか。空気中の何がどのように変化したのかを，その変化が起こった原因とともに，下の □ にかきましょう。

問2　木村さんは，運指表《うんしひょう》（指づかい）を使ってリコーダーを吹《ふ》く弟の様子を見ています。低い音から順に音を出していくとき，穴《あな》をふさいでいる部分（**図2**）の長さが変化していることに気づいた木村さんは，その長さが音の高さに関係していると考えました。そのことを兄に伝えると，「空気の出口がない部分の長さが音の高さに関係していると予想したんだね。ストローで作った笛（**図3**）で確かめられるから試《ため》してごらん。」と言って，家にあったストローで下の**ア**～**エ**の笛を作ってくれました。

そこで木村さんは，予想を確かめるために，高い音と低い音が出ると考えた笛をそれぞれ選び，同じ強さで息を吹いたときの音の高さを比べることにしました。

あなたが木村さんだったら，下の**ア**～**エ**のどの笛とどの笛を選びますか。

下の □ の**【選んだ笛】**には，選んだ笛の記号をかき，**【理由】**には，その2つの笛でなければ予想を確かめることができない理由をかきましょう。

【運指表（指づかい）の一部】

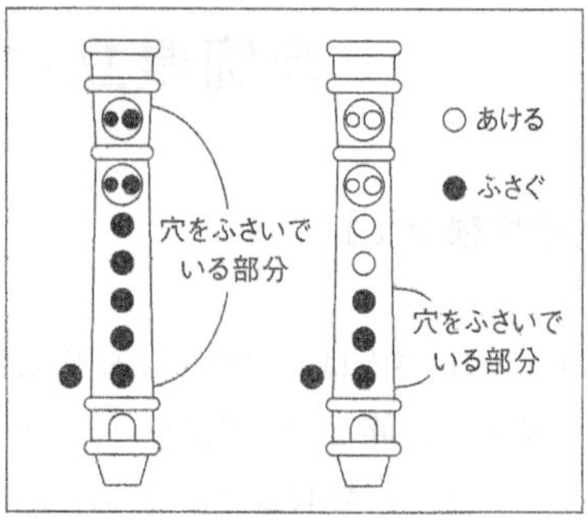
穴をふさいでいる部分
穴をふさいでいる部分
○ あける
● ふさぐ

図2

【ストローを使った笛の作り方】

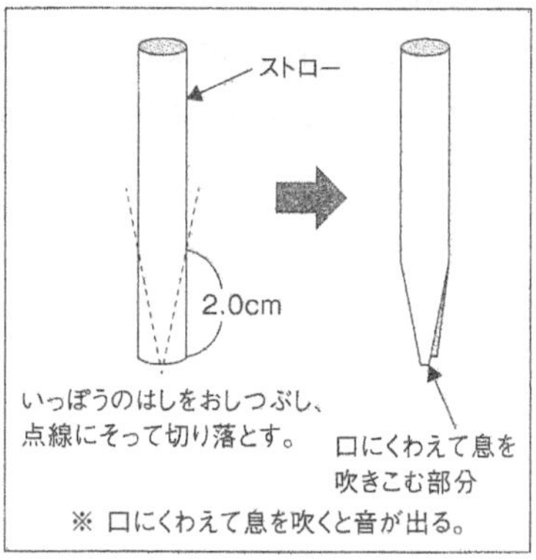
ストロー
2.0cm
いっぽうのはしをおしつぶし，点線にそって切り落とす。
口にくわえて息を吹きこむ部分
※ 口にくわえて息を吹くと音が出る。

図3

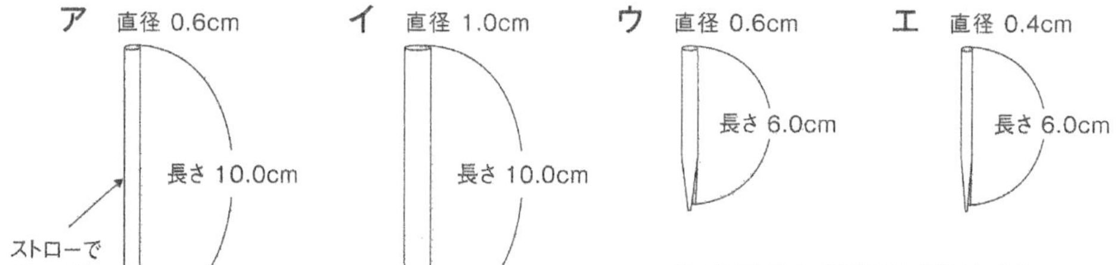
ア　直径 0.6cm
長さ 10.0cm
ストローで作った笛
イ　直径 1.0cm
長さ 10.0cm
ウ　直径 0.6cm
長さ 6.0cm
エ　直径 0.4cm
長さ 6.0cm

※ 作り方はすべて**図3**と同じとします。
※ 直径と長さ以外はすべて同じとします。

【選んだ笛】（　　　　　　）と（　　　　　　）

【理由】

2 山本さんたち６年生は，１年生をむかえる会の準備をしています。

問１ 山本さんたちは，**図１**のように会場のステージに「**１ねんせいをむかえるかい**」とかいた題字の紙を掲示《けいじ》することにしました。題字の紙をはる掲示用の棒《ぼう》の長さは6.34mあります。

題字の紙は，横の辺の長さが109.1cmの長方形の模造紙《もぞうし》（**図２**）を何枚《まい》か使います。**図３**のように，模造紙の109.1cmの辺が上下になるようにして，隣《となり》の模造紙と少し重ねます。そして，その重なりをのりしろとし，模造紙を横につなげて作ります。

山本さんは，模造紙をつなぎ合わせた題字の紙の長さが，掲示用の棒の長さをこえないで，できるだけ掲示用の棒の長さと近い長さになるように作りたいと考えています。また，作業の手間を考えて，模造紙を切らずに，できるだけ少ない枚数で作ることと，重なりのはばをすべて同じ長さにすることを決めました。

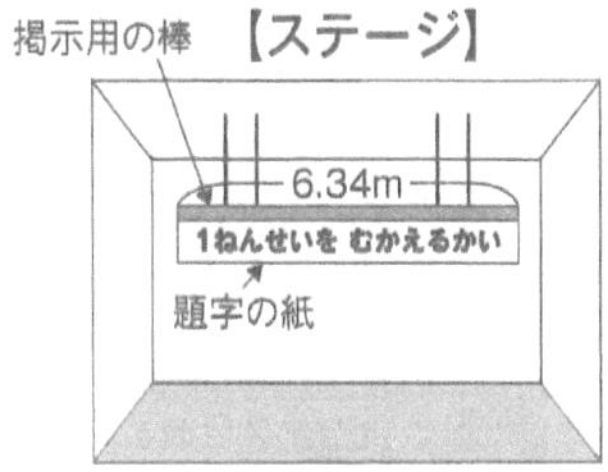

図１

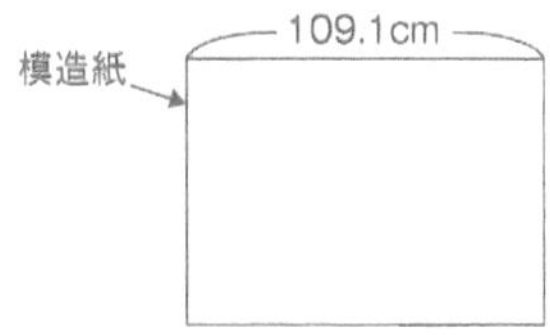

図２

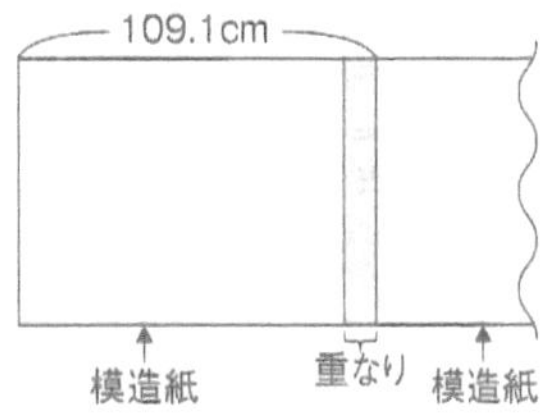

図３

山本さんは，題字の紙を作るために必要な模造紙の枚数と重なりのはばを求めました。あなたが山本さんだったら，模造紙の枚数と重なりのはばをどのように求めますか。**【求め方】**と**【枚数】**と**【重なりのはば】**を下の □ にかきましょう。**【求め方】**は，式と言葉でかきましょう。必要があれば図をかいてもかまいません。

また，**【重なりのはば】**は，題字の紙が掲示用の棒からはみ出さないように気をつけ，単位はcmとし，$\frac{1}{10}$の位（小数第１位）までの小数で表しましょう。

【求め方】

【枚数】 枚 **【重なりのはば】** cm

問2　次に，山本さんたちは，１年生をむかえる会で，１年生にわたすメッセージカードについて考えています。

山本さんは，**図４**のように，４マスに等しく仕切られたマス目のある正方形の紙に，線を引いて図形をかきました。そして，図形を切り取り，２つに折るとぴったり重なるメッセージカードを作りました。

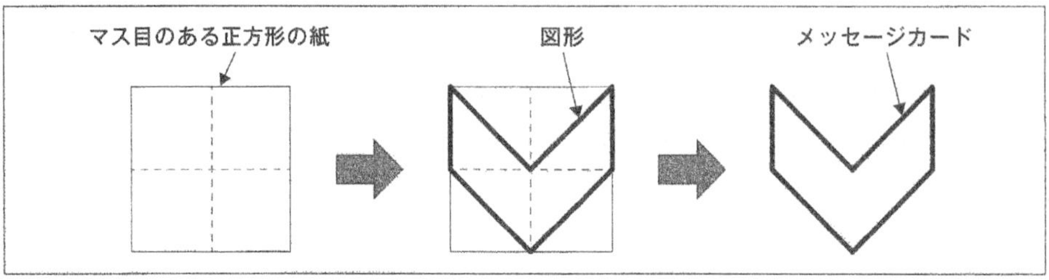

図４

山本さんたちは，**図４の図形**の他にも，いろいろな図形のカードを作るために話し合い，次の□の**【きまり】**にしたがって図形をかくことにしました。

【きまり】

○　メッセージをかける面積がみんな同じになるように，**図４の図形**と同じ面積の図形をかく。

○　２つに折るとぴったり重なる図形をかく。

○　同じ図形をいくつも簡単《かんたん》に切り取ることができるように，図形のすべての頂点《ちょうてん》は，**図５の正方形**に示す９つの点（●）のいずれかとし，直線で囲まれた図形をかく。

○　**例１**のように，ある図形を回転させた図形は，もとの図形と同じなのでかかない。

○　**例２**のように，図形が分かれていて，頂点で接《せつ》している図形はかかない。

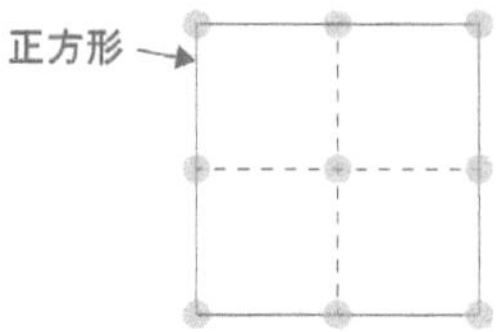

図５

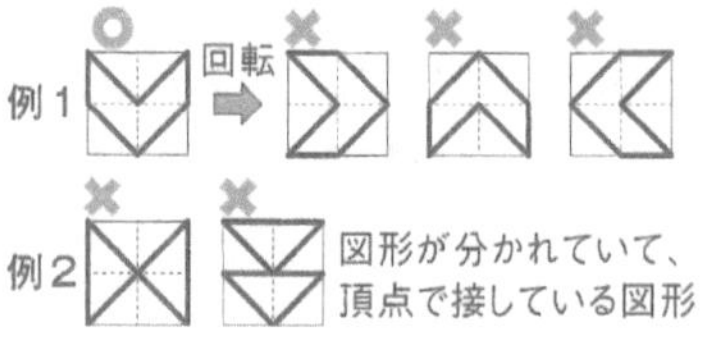

山本さんたちが確認《かくにん》すると，**図４の図形**の他に５種類の図形をかくことができるとわかりました。下の□の正方形に，**図４の図形**の他に，**【きまり】**にしたがって図形を５つかきましょう。図形をかくときは，できるだけまっすぐな線でかきましょう。

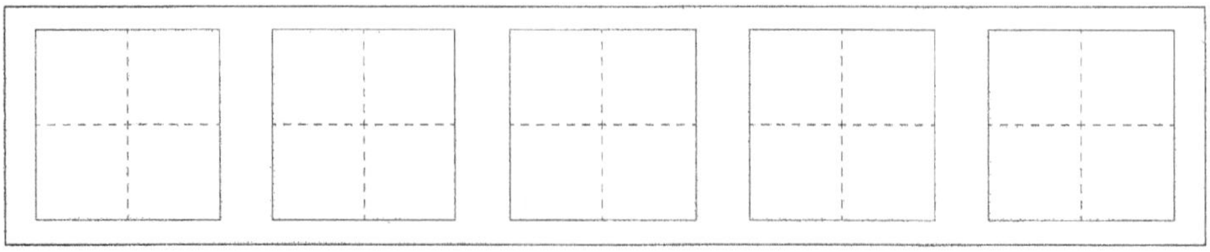

〔原稿用紙〕

300

400

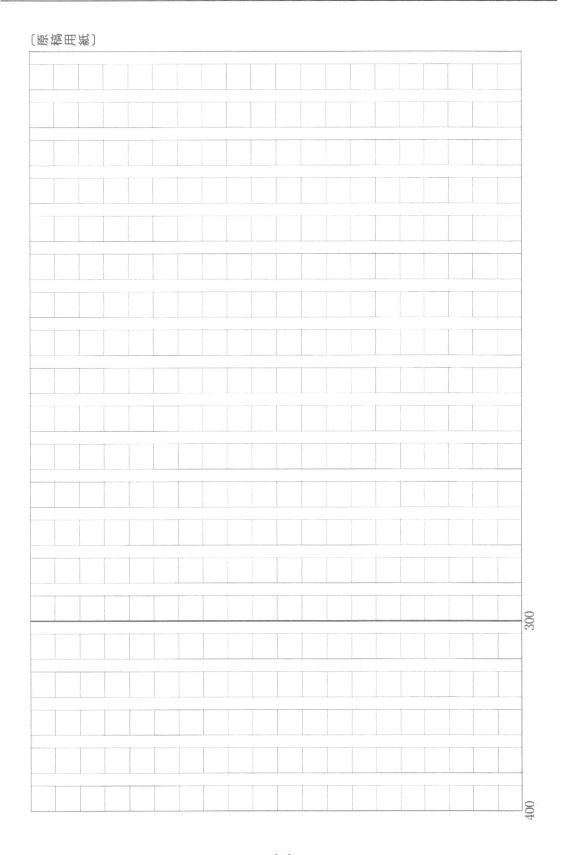

そのとき、次の**【注意】**にしたがって、原稿用紙にかきましょう。

【注意】
◎ 原稿用紙には、題や氏名はかかないで、たてがきでかきましょう。
◎ 一マス目からかき始めましょう。
◎ 段落《だんらく》は変えないでかきましょう。
◎ 句読点やかぎかっこは一字と数えましょう。
◎ 文章を見直すときには、次の（例）のように、付け加えたり、けずったり、かき直したりしてもかまいません。

（例）

朝の会で、私が司会をしているとき、友達が~~やさしく~~意見を~~言って~~出してくれました。

山本：「もう一つの課題は、家庭から出るごみが燃えにくいとその焼却《しょうきゃく》に燃料が多く必要になることだと分かったね。」

木村：「その二つの課題の解決のために、生ごみの水分をよく切る水切りをしてほしいと言われていたね。」

井上：「そうだね。**〔資料3〕**を見ると、家庭から出るごみの中で、生ごみが一番重いことが分かるよ。だから、生ごみを出す時に工夫《くふう》が必要なんだね。」

木村：「だけど、この二つの課題の解決と生ごみの水切りがどのように関係しているのかな。」

山本：「**〔資料4〕**を見ると、生ごみにふくまれる水分の割合《わりあい》が分かるよ。」

先生：「そうですね。**〔資料4〕**だけでなく、清掃工場の方からいただいた**〔資料5〕**も見てごらん。ろ紙にふくませる水分量が増えると燃えつきるまでにかかる時間がどのようになるかを考えたら、分かることがありませんか。」

木村：「**そうか、**□」

〔資料3〕一般廃棄物全体の重さにしめる種類ごとの割合

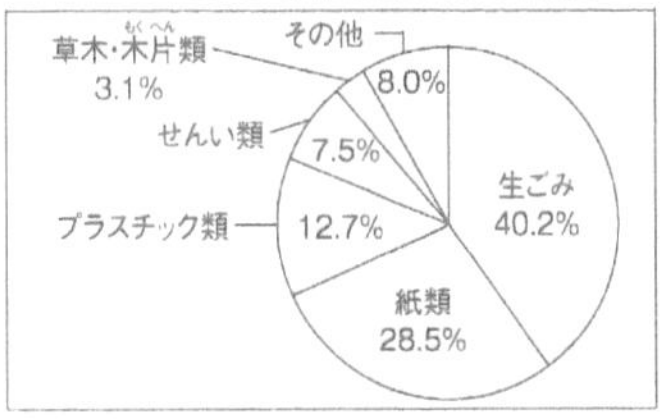
草木・木片《もくへん》類
3.1%
その他
8.0%
せんい類
7.5%
プラスチック類
12.7%
生ごみ
40.2%
紙類
28.5%

〔資料4〕ごみの種類別の全体の重さにしめる水分の割合

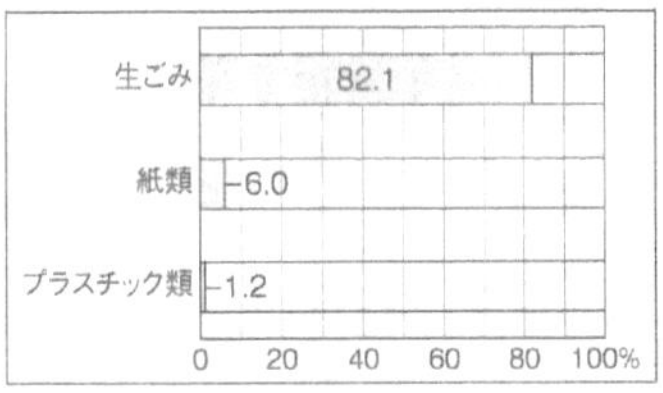
生ごみ
82.1
紙類
6.0
プラスチック類
1.2
0
20
40
60
80
100%

〔資料5〕水分をふくんだろ紙が燃えつきるまでにかかる時間

水分量（滴《てき》）	0	2	4
平均時間（秒）	4.8	15.4	24.2

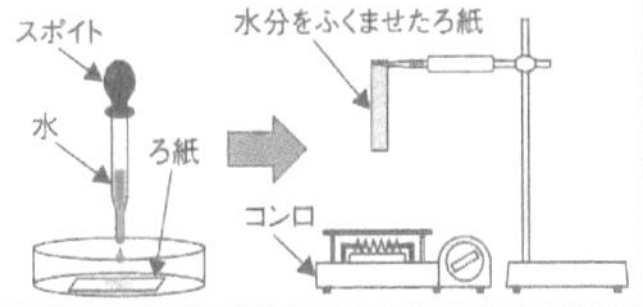
スポイト
水
ろ紙
水分をふくませたろ紙
コンロ

木村さんは、発言の中の**そうか、**に続けて、□で、生ごみの水切りが町のごみ処理についての二つの課題の解決につながることを**〔資料4〕**と**〔資料5〕**を使って説明しています。あなたが木村さんだったら、どのように説明しますか。次の□にかきましょう。

問2　井上さんたちは、この学習を通して、一人一人ができることに取り組むことが住みよい社会をつくることに気づきました。そして、学校生活での自分たちの取り組みをふり返りました。

あなたは小学校生活で、よりよい学級や学校にするためにどんなことに取り組みましたか。また、その経験から学んだことを中学校でどのように生かしたいですか。次の**【条件】**に合わせて、原稿《げんこう》用紙に三百字から四百字でかきましょう。

【条件】

あなたが経験したことや身近な出来事《できごと》をもとに、次の①②についてかくこと

①　小学校生活で、よりよい学級や学校にするためにどのようなことに取り組んだか

②　①を通して学んだことを中学校でどのように生かしていきたいか

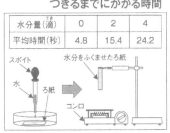

【適性検査Ⅱ　作文】（四〇分）

3　井上さんの学級では、総合的な学習の時間に「住みよい社会にするために」というテーマで班《はん》に分かれて学習しています。

問1　井上さんたちは、環境《かんきょう》について調べている班です。

（1）　井上さんたちの班は、自分たちの住むA町が行っている「一人一人が取り組むごみスリム化運動」について、資料をもとに話し合っています。次の□は、そのときの話し合いの一部です。

井上：「A町のごみスリム化運動の成果はあったのかな。」
山本：「〔資料1〕を見ると、二〇〇九年度から二〇一九年度までは、A町のごみスリム化運動の成果はあまり見られなかったと思うよ。」
川上：「〔資料1〕を見ると、確かにそう思えるね。でも、〔資料1〕と〔資料2〕を関連付けて見ると、A町のごみスリム化運動の成果はあったと言っていいと思うよ。**それはね、**□」

川上さんは、発言の中の**それはね、**に続けて、□で、A町のごみスリム化運動の成果はあったと言っていいと思う理由を、下段の〔資料1〕と〔資料2〕を関連付けて分かることから説明しています。あなたが川上さんだったら、どのように説明しますか。あとの□にかきましょう。

〔資料1〕A町の一般廃棄物《いっぱんはいきぶつ》の総排出量《そうはいしゅつりょう》
※ 一般廃棄物とは、おもに家庭から出るごみのことです。

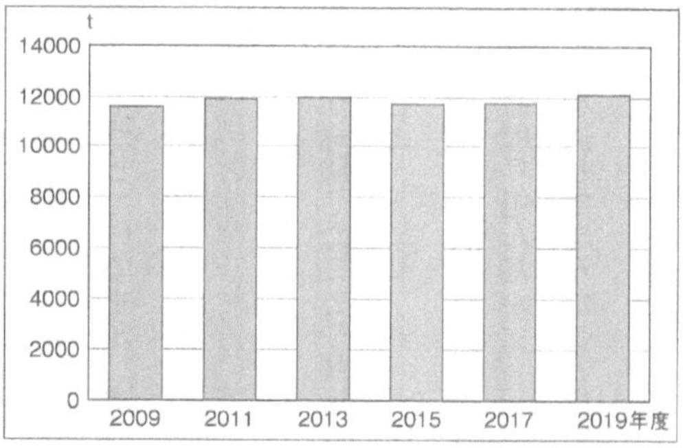

〔資料2〕A町の人口推移《すいい》

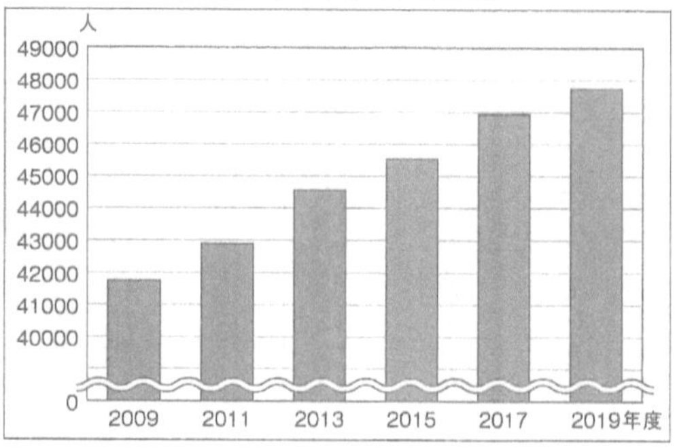

（2）　井上さんたちは、清掃《せいそう》工場の方へインタビューしたことと資料をもとに、話し合いを続けています。次の□は、話し合いの一部です。

井上：「清掃工場の方が、町のごみ処理《しょり》についての課題の一つは、家庭から出るごみが重いとその運ぱんに使われる燃料が多く必要になることだとおっしゃっていたね。」

2023 年 度

解 答 と 解 説

＜適性検査Ⅰ解答例＞《学校からの解答の発表はありません》

（その１）

1 問1 引き出した冷凍室の温度の低さによって空気中の水蒸気が冷やされて，小さな水てきになって見えるようになったからだね。

問2 【選んだ笛】 ア(と)ウ

【理由】 空気の出口がない部分の長さが音の高さに関係しているかどうかを調べたいので，その長さ以外の条件はすべて同じにしなければいけないから。

（その２）

2 問1 【求め方】

6.34m＝634cm

模造紙が全く重ならない場合を考えると，634÷109.1＝5あまり88.5

模造紙が５枚のときは掲示用の棒が88.5cmあまることになる。模造紙を６枚使うと掲示用の棒からは，109.1－88.5＝20.6(cm)だけはみ出す。はみ出す分から重なりのはばを考えればよい。模造紙が６枚のとき，重なりは５つできる。

20.6÷5＝4.1あまり0.1なので，重なりのはばを4.2cmとすれば掲示用の棒の長さをこえず，棒の長さとできるだけ近い長さになる。

【枚数】 6(枚)　　【重なりのはば】 4.2(cm)

問2

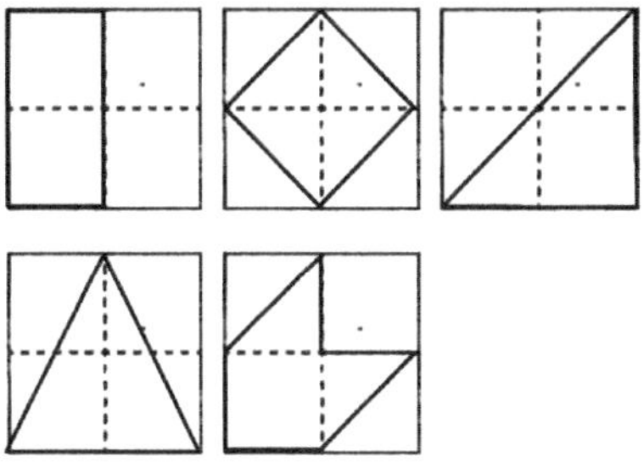

＜適性検査Ⅰ解説＞

（その１）

1 （理科：状態変化，実験の手順）

問1 会話をヒントに，空気中の水蒸《すいじょう》気《き》と引き出した冷凍室《れいとうしつ》の温度の関係を考える。湯気は水を熱したときにできることと，空気中の水蒸気が冷やされると水てきになることに注目する。

基本 問2 ２つを比べる実験をする場合は，２つの実験は調べたいことがら以外について同じ条件で行う必要がある。今回は，笛の空気の出口がない部分の長さ，つまりストローの長さと音の高さの関係を調べたいので，ストローは直径が同じで，長さが異《こと》なるものを使う。

（その２）

2　（算数：重なる部分のある計算，平面図形）

重要　問1　割り算の商とあまりがそれぞれ何を表しているかを整理しておく。また，重なりのはばを求めるときは，重なる部分がいくつできるのかに注意する。

問2　図４のメッセージカードの面積は，右の図のように整理すると，２マス分であることがわかる。２マス分の面積で２つに折るとぴったり重なる図形を考えればよい。頂点の位置に注意して図形を考える。

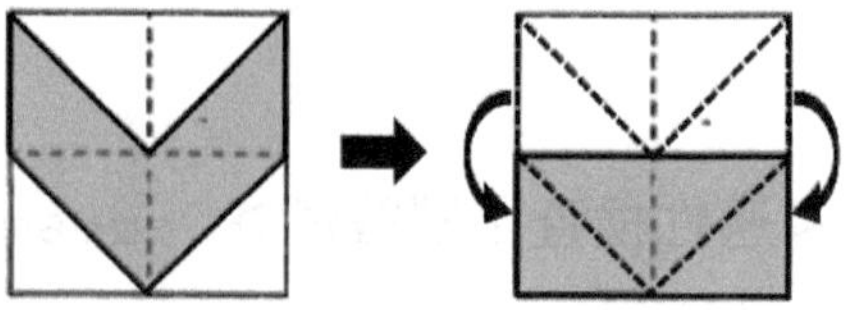

★ワンポイントアドバイス★

問題の条件を正確《せいかく》に整理して，与えられている情報と答えるべきことを明確にすることが大切。条件に合った答えになっているか，書き間違《まちが》いがないかを最後までしっかり確認しよう。

＜適性検査Ⅱ・作文問題解答例＞《学校からの解答例の発表はありません。》

（その１）

3　問1　(1)〔資料２〕を見ると，Ａ町の人口は二〇〇九年から二〇一九年にかけて五千人以上増加しているけれど，〔資料１〕を見るとごみの排出量はほとんど変わっておらず，一人当たりが出すごみの量が減ったと考えられるからだよ。

(2)　生ごみの水切りをすることで，ごみの重さを軽くして運ぱんに使われる燃料の量を少なくしたり，ごみを燃やすのにかかる時間を短くして焼却に使う燃料の量を少なくしたりすることができるんだね。

（その２）

問2　私は小学校で保健委員の活動に取り組みました。学校のみんなが健康に生活できるように，給食の前に必ず手洗い・うがいをするように呼びかけたり，けがをした人を保健室まで連れていったりしました。ある日，友達から「正しい手の洗い方がわからない」と相談されました。そこで，他の保健委員と話し合って，絵を用いて手の洗い方をポスターにまとめることにしました。どうすればみんなに正しい手の洗い方が伝わるか，委員のみんなでアイデアを出し合いながらポスターを作りました。完成したものを見た友達や先生から「すごくわかりやすかった」と言ってもらえて，うれしかったです。身近な人の意見を取り入れたり，仲間と協力したりすることでみんながより健康に生活できるようになったと思います。中学校でも学校のみんなが快適に過ごせるように，周りの意見を取り入れたり，他の人と協力したりしてよりよい学校にしていきたいと思います。

＜適性検査Ⅱ・作文問題解説＞

（国語：条件作文）

基本 3 （国語：資料を読む，条件作文）

問1 (1) 川上さんの発言にあるように，〔資料１〕と〔資料２〕から読み取れる情報を合わせて考える。A町全体のごみの総排出量《そうはいしゅつりょう》はほとんど変化が見られないが，人口が増えたことで，一人当たりのごみの排出量は減少していることがポイントである。

(2) 〔資料４〕からは，生ごみは全体の重さにしめる水分の割合が大きいことが分かる。〔資料５〕からは，ろ紙にふくまれる水分量が多いほど，ろ紙が燃えつきるまでにかかる時間は長くなることが読み取れる。このことを，山本さんの発言と照らし合わせると，ごみにふくまれる水分量が多いほど焼却《しょうきゃく》に必要な時間は長くなり，燃料もたくさん必要になるということが分かる。生ごみの水切りをすることでごみの重さの軽減と焼却時間の短縮《たんしゅく》ができ，必要な燃料が少なくなるということをかく。

問2 条件をふまえて構成を考える。前半は小学校生活でよりよい学級や学校にするために取り組んだことを，経験をもとにかく。どのような活動をすることで，学級や学校がどのようによりよくなったかを簡潔《かんけつ》に説明できるとよい。後半は，中学校ではどのような活動をし，そこで前半に書いた自分の経験から学んだことをどのように生かすかをかく。

★ワンポイントアドバイス★

資料を正しく読み，その情報が何を示しているのかを考え解答を作っていく。指定の文字数が多い問題は，あらかじめ大まかな構成を決めてからかき始めるとよい。

MEMO

大切なことはメモしておこうネ！

2022年度

★★★★★★★★★★★★★★★★★★★★★★★★

入　試　問　題

2022年度

福岡県立中学校・中等教育学校入試問題

【適性検査】（50分）

1　木村さんは，米や野菜を作っている祖父母の家へ，毎月手伝いに来ています。

問1　10月は稲《いね》かりの手伝いとして，田んぼで図**1**のように，束ねた稲をかけて干《ほ》しています。稲をかける棒《ぼう》が，どれも同じ向きになっていることに疑問《ぎもん》をもった木村さんは，祖父にたずねました。すると祖父が，「稲をかける棒のはしの方から干している稲を見る（図**2**）と，束ねた稲が右側と左側に半分ずつ分かれているでしょ。稲をかける棒をこの向きにすることで，右側と左側のそれぞれの稲に日光が当たっている時間の差が小さくなり，束ねた稲の両側が同じように乾燥《かんそう》するんだよ。」と教えてくれました。

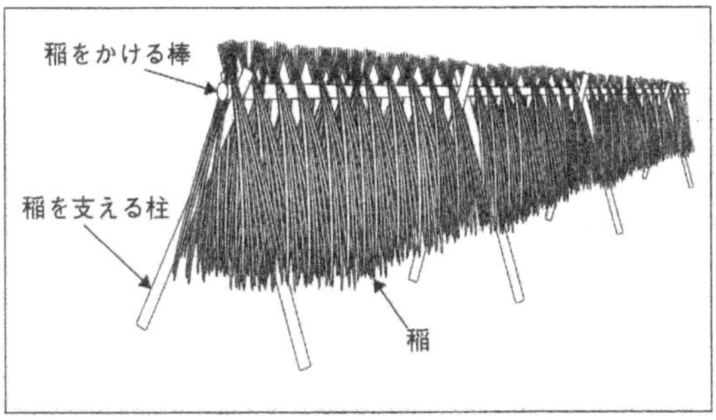

図1

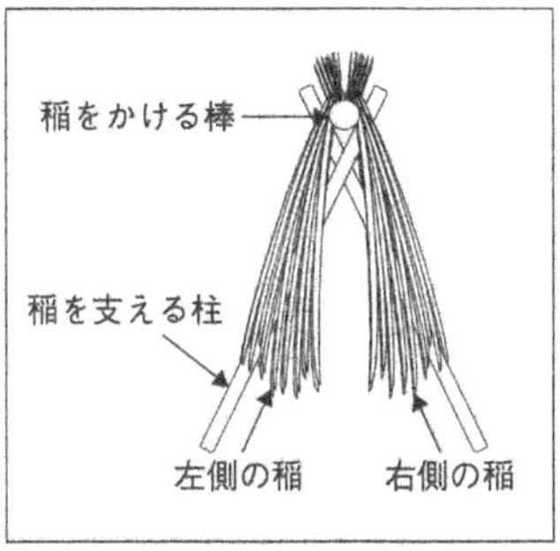

図2

このときの稲をかける棒の向きは，図**3**の㋐・㋑のどちらですか。次の□の【向き】には㋐か㋑の記号をかき，【理由】には「右側と左側のそれぞれの稲に日光が当たっている時間の差が小さくなる理由」を，１日の太陽の動きを明らかにしてかきましょう。

【稲をかける棒の向きを示した図】

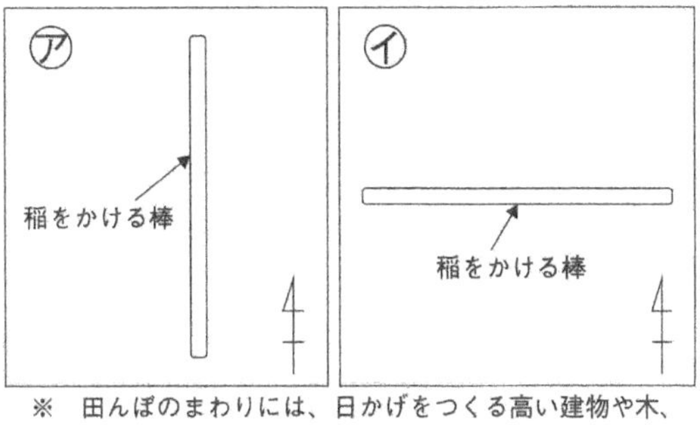

※　田んぼのまわりには、日かげをつくる高い建物や木、山などはないものとします。

図3

【向き】　（　　　　　）

【理由】

問２　12月，木村さんは，図４のようにタマネギの苗《なえ》のまわりに，干した稲から「もみ」をとったあとの「わら」をしく手伝いをすることになりました。次の［　　］は，そのときの会話の一部です。

木村：「夏，トマトの苗のまわりにもわらをしいたけど，何のためにしいているのかな。」
祖母：「うちでは，夏は昼間の土の温度が気温以上に上がりすぎないよう，冬は寒い日の夜に土の温度が下がりすぎないようにするためにしいているんだよ。」
木村：「同じわらなのに，どうしてそうなるのかな。」
祖母：「わらは，夏，晴れた日にかぶるぼうしと同じやくわりをしていて，冬，寒い日につける手ぶくろと同じやくわりをしているんだよ。」
木村：「そうか，［　　］」

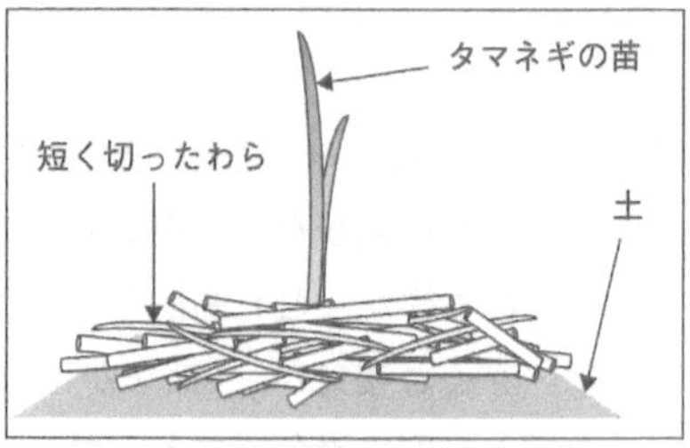

図４

木村さんは会話の中のそうか，に続けて［　　］で，「祖母のぼうしの話をもとに考えた，わらをしくことが，夏に昼間の土の温度を上がりにくくする理由」と，「祖母の手ぶくろの話をもとに考えた，わらをしくことが，冬に夜の土の温度を下がりにくくする理由」をそれぞれ説明しています。あなたが木村さんだったら，どのように説明しますか。下の［　　］にかきましょう。

［2］　山本さんの小学校では，日曜日に運動会がおこなわれます。

問１　金曜日の夕方，山本さんは運動会のお弁当の足りない食材を家族と買いに行くことになりました。買い物に行く前に，家族から買い物メモ，Ａ店とＢ店の広告の一部，そしてＣ店のクーポン券《けん》をわたされ，店をいくつか回ってもよいので，買い物メモの品物だけをすべて買ったときに代金が最も安くなる買い方を調べるようお願いされました。

買い物メモ

ウインナー	2ふくろ
ミートボール	3ふくろ
たまご	1パック

Ａ店

運動会応援《おうえん》セール（すべて税込《こみ》）

ウインナー
1ふくろ通常価格210円が、2ふくろで360円
ミートボール
1ふくろ通常価格98円が、3ふくろで250円
たまご
1パック通常価格155円が、120円

Ｂ店

全品、通常価格の10%引《びき》

ウインナー	1ふくろ	通常価格200円
ミートボール	1ふくろ	通常価格100円
たまご	1パック	通常価格160円

（すべて税込）

Ｃ店

お得なクーポン
（すべて税込）
※1度にすべて使えます

ウインナー
通常価格1ふくろ225円が
1ふくろ205円
※2ふくろまで買えます。

ミートボール
2割引《わりびき》
通常価格1ふくろ100円
※3ふくろまで買えます。

たまご以外の店内商品
税込300円以上買うと
たまご1パック半額
通常価格1パック200円

調べてみると，代金が最も安くなる買い方は一つではないことが分かりました。山本さんは，その中で回る店の数が最も少なくてすむ買い方に決めました。あなたが山本さんだったら，買い物メモの品物をどの店で買いますか。【何をどの店で買うか】と【合計の代金】を，あとの［　　］にかきましょう。

【何をどの店で買うか】
ウインナー　2ふくろ（　　）店，ミートボール　3ふくろ（　　）店，たまご　1パック（　　）店

【合計の代金】　　　　円

問2　先生と山本さんたちは，運動会の係打ち合わせをしています。山本さんたちは3年生のかけっこの担当です。次の［　］は，そのときの会話の一部です。

先生：「かけっこは，スタートからゴールまで同じコースを半周走る競技です。コースの間隔《かんかく》は1mで，トラックは長方形と2つの半円を合わせた形です（図）。3年生は4つのコースを使って一度に3人以上，全員で61人が走ります。山本さんと川上さんはゴールテープの担当ですね。」

山本：「はい。61人だと，何回ゴールテープを準備すればいいのかな。」

川上：「計算するからちょっと待って。最も少なくて［　　］回だね。」

山本：「川上さんありがとう。先生，ところで，2コースから4コースのスタートの位置は，どうして前にずれているのですか。」

先生：「スタートの位置を1コースと同じにすると，外側のコースの方が走る長さが長くなるからだよ。スタートを同じ位置にすると，走る直線の長さは同じになるので，増えていくのは半円の周りの長さだよね。コースが1つ外になるごとに半円の周りの長さが3.14mずつ増えていくんだよ。コースの間隔が1mだったら，小さなトラックでも，大きなトラックでも，どんな大きさのトラックでも半周走るときのスタートの位置は3.14mずつ前にずらせばいいんだよ。」

(1)　会話の中の［　］に入る数を次の［　］にかきましょう。ただし，かけっこは図のコースを使って1人1回走り，ゴールテープは毎回準備します。

［　　　　］

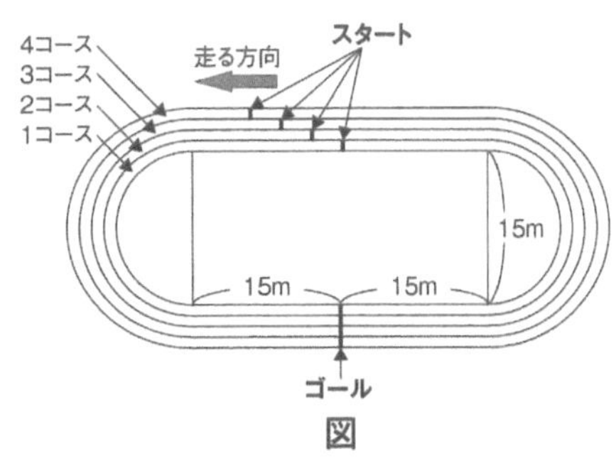

図

(2)　この会話をふまえて，コースの間隔が1mの場合，どんな大きさのトラックでも，コースが1つ外になるごとに半円の周りの長さが3.14mずつ増えることを，下の［　］に式や言葉を使って説明しましょう。ただし，円周率は3.14とし，コースとコースを分けるラインの幅《はば》は考えないこととします。

［　　　　］

3　上田さんの学級では，総合的な学習の時間に「インターネットとわたしたちのくらし」というテーマで学習をしています。上田さんの班《はん》では，「わたしたちのインターネットの使い方」について調べています。

問１　上田さんの班では，学級のインターネットの利用時間の現状を知るためにアンケートをとり，その結果を整理しました。次の［　　］は，そのときの会話の一部です。

上田：「スマートフォンやパソコンをインターネットにつないで，ゲームをする，友だちとやりとりをする，動画を見たり音楽を聞いたりする，ホームページを見るなど，学級のみんなが１日にインターネットを使う時間を調べて結果をまとめたよ〔資料１〕。」

坂本：「１日の利用時間が２時間未満の人の割合《わりあい》が66.7%なのに，学級の１日の平均利用時間が２時間をこえることがあるのかな。」

小森：「利用時間が２時間未満の人の割合が50%以上なのに，平均利用時間が２時間より短くならないのはなぜかな。」

上田：「それはね，［　　］」

小森：「そうか。だから，平均利用時間が２時間をこえることがあるんだね。」

上田さんは，それはね，に続けて［　　］で，坂本さんや小森さんの疑問《ぎもん》に答えて，平均利用時間が２時間をこえることがある理由を説明しています。あなたが上田さんだったら，どのように説明しますか。次の［　　］にかきましょう。

〔資料１〕学級のインターネット利用時間調査（学級全員36名調査）

質問：１日どれくらいの時間インターネットを使っていますか。　（　　　）分

【１日の平均利用時間】　123.0分

【１日の利用時間別割合】

30分未満	30分以上 1時間未満	1時間以上 2時間未満	2時間以上
11.1%	30.6%	25.0%	33.3%

問２　上田さんの班では，学級のみんなにインターネットのよりよい使い方を伝えるために，子どものインターネット利用に関する家族の心配〔資料２〕と，学級のインターネット利用実態〔資料３〕を調査しました。あとの［　　］は，その後の話し合いの一部です。

〔資料２〕子どものインターネット利用に関する家族の心配

子どものインターネット利用に関して家族が心配していること

- きけんな情報や有害な情報を見てしまうのではないか。
- まちがった情報や一部のかたよった考え方などを信じてしまうのではないか。
- 家での利用時間が長くなり、生活リズムがみだれるのではないか。
- インターネット上の書きこみ等で相手をきずつけたり、きずつけられたりするのではないか。

〔資料３〕学級のインターネット利用実態調査（学級全員36名調査）

項目《こうもく》	はい	いいえ
① インターネット上で、人をきずつけたりいやな思いをさせたりしないよう気をつけている。	28	8
② インターネット上には、真実でない情報があるので、注意して使っている。	4	32
③ インターネットにつなぐコンピュータ等のソフトやアプリは、いつも最新の状態にしている。	16	20
④ インターネット上で、知らない人とトラブルになったことはない。	36	0
⑤ インターネットを使うときは、いつも利用料や代金を気にして使っている。	36	0
⑥ インターネットを使うときは、自分で長時間にならないように使っている。	6	30

坂本：「わたしたちのインターネット利用について，家族がどんなことを心配しているか分かったよ。」

小森：「学級の利用実態調査の項目はすべて，学級のみんなができるようになることをめざしたいね。まずは，できていない人の方が多い項目について，よりよい使い方を伝えるのはどうかな。」

坂本：「そうだね。その項目の中でも，家族の心配の内容と重なっているものが２つあるよ。」

上田：「では，その２つの項目にしぼって，インターネットをよりよく使うための具体的な行動をみんなに伝えようよ。そうすれば，家族も安心できるね。」

この後，上田さんは，学級のみんなに伝えることを原稿《げんこう》にまとめました。あなたが上田さんだったら，どのようにかきますか。下の□の【番号】には伝えると決めた〔資料３〕の項目の番号をそれぞれかき，【伝えること】にはその項目に関連した「実際の利用場面」と「よりよく使うための具体的な行動」をかきましょう。

【番号】（　　　）

【伝えること】

【番号】（　　　）

【伝えること】

原稿用紙

検査番号

※

問一

200

300

問二

200

300

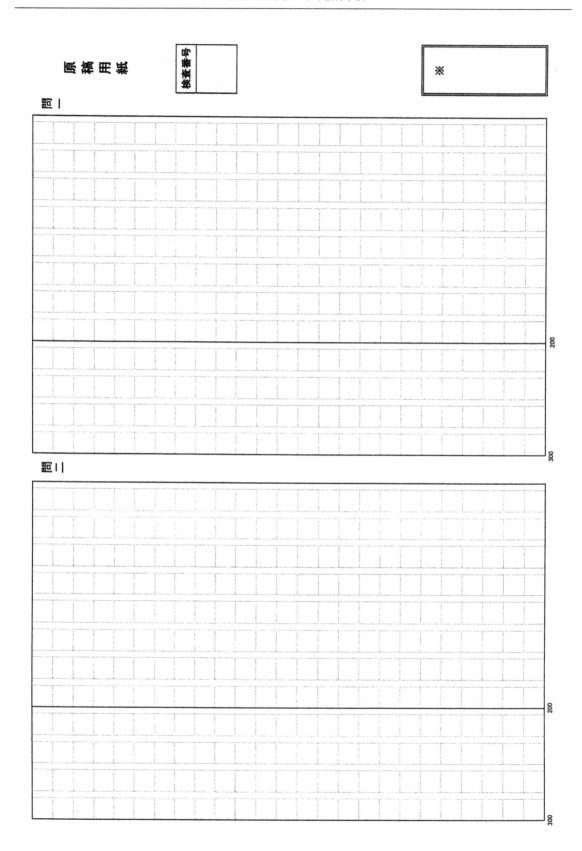

【作　文】（四〇分）

課題文

次の文章を読んで、あとの問いに答えなさい。

四月になり、新しい学年になりました。
始業式のあと、担任《たんにん》の先生が次のようにお話しされました。

「いよいよ、最上級生である六年生になりましたね。小学校での最後の一年が、皆《みな》さんにとって充実《じゅうじつ》したものとなるように、先生から二点、話をします。
一点目は、基本的生活習慣についてです。
充実した学校生活を送るためには、学校での生活だけを頑張《がんば》ればよいというものではありません。家庭での過ごし方が、学校での生活に大きく関わってきます。
そこで、皆さんに家庭で心がけてほしいことがあります。それは『食事をしっかりととること』『睡眠《すいみん》・休養を十分にとること』『適度な運動をすること』の三つです。
二点目は、明日の学級活動についてです。
この一年間が、皆さんにとって充実した学校生活となるように、明日の学級活動で学級目標を決めましょう。どのような学級にしていきたいか考えてきてください。」

次の日の学級活動では、これからどのような学級にしていきたいかを話し合いました。話し合いの結果、「みんなが安心して過ごせる学級にしよう」という学級目標に決まりました。
さらに、学級目標を達成するために、みんなが具体的にどのような行動をすればよいかを話し合いました。

問一　担任の先生が話した、充実した学校生活を送るために「家庭で心がけてほしいこと」の三つの中で、今、あなた自身が一番取り組まなければならないと考えるものはどれですか。その理由と、どう取り組んでいくかもふくめて二百字から三百字で書きましょう。なお、理由については、あなたの経験をふまえて、具体的に書きましょう。

問二　「みんなが安心して過ごせる学級」とは、どのような学級だと考えますか。また、それはなぜですか。さらに、学級目標を達成するために、あなたができることは何ですか。具体的に二百字から三百字で書きましょう。

そのとき、次の【注意】にしたがって、原稿用紙に書きましょう。

【注意】◎　原稿用紙には、題や氏名は書かないで、本文だけを書きましょう。
◎　文章を見直すときには、次の（例）のように、付け加えたり、けずったり、書き直したりしてもかまいません。

（例）

朝の会で、私が司会をしているとき、友達が~~やさしく~~意見を~~言って~~出してくれました。

MEMO

大切なことはメモしておこうネ！

2022 年 度

解 答 と 解 説

＜適性検査解答例＞《学校からの解答の発表はありません》

1 問1 【向き】 ㋐

【理由】 太陽は１日の中で東からのぼり西にしずむため。

問2 夏はわらで日かげをつくることによって，土の温度の上しょうを防ぎ，冬は土の熱をわらによってにがさないようにしているんだね。

2 問1 【何をどの店で買うか】

（ウインナー　２ふくろ） A(店)，（ミートボール　３ふくろ） C(店)，

（たまご　１パック） A(店)

【合計の代金】 720(円)

問2 (1) 16

(2) コースの半径の長さを□とおくと，あるコースの半円部分の周りの長さは，

$\square\times2\times3.14\times\frac{1}{2}=\square\times3.14$である。

また，その１つ外側のコースの半円部分の周りの長さは，

$(\square+1)\times2\times3.14\times\frac{1}{2}=\square\times3.14+3.14$である。

同様に外側のコースについても＋3.14の式で表すことができるため，コースの間隔が１mの場合，あるトラックとその外側のトラックの長さの差は常に3.14mである。

3 問1 １日の平均利用時間は，学級全員の時間の平均を表しているので，２時間以上と回答した人数が半数未満であったとしても，その人たちがインターネットを長い時間利用している可能性があるからだよ。

問2 【番号】 ②

【伝えること】 インターネットを使って調べ物をするときは，１つのサイトのみを信用することはせず，信頼できる人に聞いたり，本や資料でも調べるように心がけましょう。

【番号】 ⑥

【伝えること】 インターネットを利用するゲームや友達とのやり取りをするときは，時間をあらかじめ決めてそれを家族と共有しましょう。

＜適性検査解説＞

1 （理科：太陽，伝熱）

基本 問1 日の光の当たり方にかたよりがないようにしたいため，まず，１日の太陽の動きを考える。太陽の動きをふまえると，㋑にした場合は北側にかけられた稲《いね》に日光が当たりにくいことがわかる。

問2　祖母の言葉をヒントに，晴れた日のぼうしと冬の手ぶくろのやくわりを考える。夏はとくに直射《ちょくしゃ》日光によって暑く感じることや，冬は体の熱がにげて寒さを感じることと結びつけてまとめる。

2　**（算数：価格計算，場合分け，円）**

問1　Ｂ店の３つの品物の値段《ねだん》は10％引きで，Ｃ店のミートボールの値段は２割引《わりびき》で計算し，値段を出す必要がある。Ｂ店の場合は$\frac{10}{100}$をそれぞれの通常価格にかけ，それを通常価格から引くことで値段が出る。つまりウインナー１ふくろで180円，ミートボール１ふくろで90円，たまご１パックで144円となる。同じように，Ｃ店のミートボールは2割引なので，$100-\left(100\times\frac{2}{10}\right)=80$(円)である。

ウインナー２ふくろの値段をＡ店，Ｂ店，Ｃ店で比べるとＡ店とＢ店が360円で最も安い。同様にミートボールも３つのお店で比べると３ふくろで240円のＣ店が最も安いことがわかる。たまご１パックについては，Ｃ店で300円以上買った場合，100円で最も安いが，そうでなかった場合は120円のＡ店が安い。ミートボールをＣ店で買ったとしても300円には達しないため，Ｃ店でたまごを安く買う場合にはウインナーもＣ店で買う必要がある。そこで，すべてをＣ店で買う場合と，ウインナーはＡ店かＢ店，ミートボールはＣ店，たまごはＡ店で買う場合とを比べると後者のほうが720円でより安いことがわかる。回るお店の数が最も少ない買い方を求めたいので，ウインナーをＢ店ではなく，たまごと同じＡ店で買う。

重要　**問2**　(1)　61÷4＝15あまり1より，15レースおこなうと１人だけが16レース目に走ることになる。１レースに３人以上が必要なので，順に分解すると，

$61=4\times14+3+2$

$61=4\times13+3+3+3$

となるため，13組の４人でのレースと３組の３人でのレースによって全員が走れることになる。よって，ゴールテープを準備する回数は，$13+3=16$(回)である。

やや難　(2)　半径を□として式をつくることで一定の法則を見つけることができる。また，以下のように一番内側のコースから順に具体的な数値を用いて半円の周りの長さを計算しても答えを導くことはできる。

１コース　$15\times3.14\times\frac{1}{2}=23.55$

２コース　$(15+2)\times3.14\times\frac{1}{2}=26.69$

３コース　$(15+4)\times3.14\times\frac{1}{2}=29.83$

４コース　$(15+6)\times3.14\times\frac{1}{2}=32.97$

１コースと２コースの差，２コースと３コースの差，３コースと４コースの差がそれぞれ3.14である。よって，コースの間隔《かんかく》が１メートルの場合はコースが外に１つずれるごとに3.14mずつ半円の周の長さも増える。

3 （総合問題：平均，実態調査）

重要 問1 1日の平均利用時間は1人1人の具体的な利用時間によって決まるため，2時間以上と回答した人の具体的な利用時間が長ければ長いほど平均利用時間も長くなる。そのため人数の割合に比例するとは限らない。

問2 「いいえ」と回答した人のほうが多い実態調査の項目《こうもく》と家族の心配の内容とが重なるものを選ぶ。どのような行動をすれば家族が心配するインターネットの危険《きけん》を回ひできるかを考え簡《かん》潔《けつ》にまとめる。また，「実際の利用場面」と「よりよく使うための具体的な行動」を忘《わす》れずに書くよう，気をつける。

★ワンポイントアドバイス★

与えられた情報を正確に読み取り，それを適切に使用して解答を出すことが重要。問題文をよく読み，必要な情報に印をつけて見落とすことのないようにしよう。

＜作文問題解答例＞《学校からの解答例の発表はありません》

問一 私が今，取り組まなければならないことは，「適度な運動をすること」です。私はいつも家の中で勉強したり本を読んだりしていることが多く，外に出て運動をするという習慣がありません。運動不足になることで体調をくずしやすくなり，勉強や読書に集中できなくなってしまいます。また，運動をすることは息ぬきにも効果的です。私は宿題で出された問題の答えが分からなかったとき，運動をしたら自然と頭が整理され，答えがうかんできたことがあります。運動が不得意な私にとって，この取り組みは簡単ではありません。しかし，続けていくことが大切だと考えたので，初めは十分のウォーキングなど，無理のない方法で運動したいです。

問二 私は，「みんなが安心して過ごせる学級」とは一人一人の個性を大切にする学級だと思います。私たちみんながより安心して過ごすためには，だれか一人がつらい思いをしたり困ったりすることがないようにするべきです。おたがいに思いやりをもって接することで，みんなが自分の個性を生かせる学級になると思います。

学級目標を達成するために，私は周りの人に気を配り，手をさしのべることを心がけたいです。困っていたりなやみをかかえていたりする人の話を聞いて，解決する方法をいっしょに考えます。初めは私一人の心がけでも，みんながこれを行うことで最終的に目標を達成できると思います。

＜作文問題解説＞

（国語：条件作文）

基本 文章をよく読み，出題されたテーマにそって作文する。

問一 「家庭で心がけてほしいこと」の三つの中で，何が一番自分に必要なものかを考え理由とともに記述する。自分で選んだものとその理由，どう取り組むかという流れで記述すると，読み手に伝わりやすい。理由には経験をふまえるという条件があるので注意する。

問二　問題に出された条件にそって，自分の意見を具体的にわかりやすくまとめる。自分が考える「安心して過ごせる学級」と学級目標を達成するための取り組みに関連性をもたせるとよい。また，最初に自分の考えと理由，次に取り組みという二段落構成にするとわかりやすくまとまる。

★ワンポイントアドバイス★

問題文をよく読んで，何を書くべきなのか整理してから記述しよう。字数の指定や条件があるため，いきなり書き始めるのではなくある程度文章の構成を考え，文の流れや量のバランスを確認してから書き始めるとよい。

2021年度

★★★★★★★★★★★★★★★★★★★★★★★★

入　試　問　題

2021年度

福岡県立中学校・中等教育学校入試問題

【適性検査】（50分）

1 休みの日に，さとこさんと弟のしんいちさんは，家族の食事を作ることにしました。

問１ ２人は，栄養のバランスがよい朝食のこんだてを考えています。

朝食のこんだては，ご飯と，とうふを入れたみそ汁《しる》と，ウインナーソーセージにしました。食品は，体内でのおもな働きによって３つのグループに分けられ，３つのグループの食品がそろうようにすると，栄養のバランスがよいこんだてになることを２人は思い出し，朝食のこんだてに使っている食品を３つのグループに分けました。

その結果，ご飯と，とうふを入れたみそ汁と，ウインナーソーセージだけでは，３つのグループのうち１つのグループの食品が使われていないことが分かりました。そこで，さとこさんは，使われていない残りの１つのグループの食品を，＜家庭にある食品＞の中から２つ選び，みそ汁の実に加えることにしました。

あなたが さとこさんだったら，みそ汁の実に何を加えますか。次の □ の**【みそ汁の実】**には＜家庭にある食品＞の中からみそ汁の実に加えた２つの食品の名前をかき，**【理由】**には「栄養のバランスがよい朝食のこんだてになる理由」をかきましょう。ただし，**【理由】**には，みそ汁の実に加えた２つの食品をふくむグループの，体内でのおもな働きが分かるようにかきましょう。

＜家庭にある食品＞

卵《たまご》
ねぎ
じゃがいも
そうめん
ちくわ
しいたけ
油あげ

【みそ汁の実】　（　　　　　　　　）、（　　　　　　　　）

【理由】

問２ さとこさんとしんいちさんは，昼食のこんだてを考えるために卵料理の本を読んでいます。次の □ は，そのときの会話の一部です。

さとこ：「家庭科で，ゆで卵を作ったね。そのときのゆで卵は，黄身の固まり具合にちがいがあったよね。どのゆで卵も白身は完全に固まっていたけどね。」

しんいち：「水と卵を入れたなべを火にかけて，ふっとうさせる。ふっとうさせたまま，５分ゆで続けると黄身は完全に固まらないで，さらに５分以上ゆで続けると，黄身が完全に固まったゆで卵ができたよね。」

さとこ：「そうだね。ゆで卵の黄身の固まり具合は，ゆでた時間で決まったね。**つまり，** ① 」

しんいち：「でも，この本を見て。黄身の全体はやわらかく固まっているのに，白身は完全に固まっていない料理があるよ。温泉卵《おんせんたまご》というんだって。温泉卵は65度くらいのお湯の中に卵を入れて，その温度のまま20分以上温め続けるとできるそうだよ。どうしてかな。」

さとこ：このページには，黄身が固まる温度は65度くらいで，白身が固まる温度は80度くらいともかかれているよ。**そうか，** ② 」

さとこさんは，会話の中の**つまり，**に続けて ① で，「卵をふっとう後５分程度ゆで続けても，黄身は完全に固まらない理由」を，**そうか，**に続けて ② で，「65度くらいの温度のまま20分以上温め続けると温泉卵ができる理由」を説明しています。あなたが さとこさんだったら，どのように説明しますか。 ① は，**ふっとうし，およそ100度になったお湯の熱は，**に続けて， ② は「65度くらい」「20分以上」のいずれの言葉も必ず使って，下のそれぞれの □ にかきましょう。

①	**ふっとうし，およそ100度になったお湯の熱は，**
②	

2 ひろしさんの学級では，総合的な学習の時間に「もりあげよう地域《ちいき》の観光」というテーマで学習をしています。

問１ ひろしさんたちは，先生から示された，ある年の自分たちの市（Ａ市）とＢ市の観光客アンケートの調査結果を比べています。次の □ は，そのときの会話の一部です。

あやこ：「Ａ市とＢ市とでは，〔**資料１**〕をみると，20歳《さい》代の割合《わりあい》の差が大きいね。Ａ市の方がかなり低いよ。」

とおる：「それに〔**資料２**〕をみると，Ａ市の方が宿泊《しゅくはく》した人数も少ないね。」

ひろし：「宿泊した人数は，〔**資料１**〕，〔**資料２**〕だけでは分からないよ。」

あやこ：「先生が次のページの〔**資料３**〕のその他の資料も使っていいと言っていたよ。どれかを使ったら，宿泊した人数が分かるのかな。」

〔資料１〕観光客の年齢別《ねんれいべつ》割合

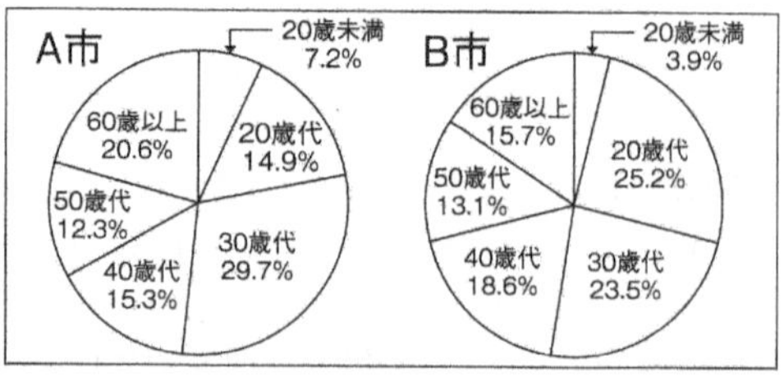
A市
20歳未満
7.2%
20歳代
14.9%
30歳代
29.7%
40歳代
15.3%
50歳代
12.3%
60歳以上
20.6%
B市
20歳未満
3.9%
20歳代
25.2%
30歳代
23.5%
40歳代
18.6%
50歳代
13.1%
60歳以上
15.7%

〔資料２〕観光客の日帰り、宿泊の割合

	A市	B市
日帰り	99.5%	96.0%
宿泊	0.5%	4.0%

ひろし：「それなら，この資料を使えば，宿泊した人数を比べることができるよ。**それはね,** □」

ひろしさんは，**それはね,** に続けて □ で，使う資料とその資料を使うとＡ市とＢ市の宿泊した人数を比べることができる理由を説明しています。あなたが ひろしさんだったら，どのように説明しますか。**【使う資料】**を**ア**～**エ**の記号の中から１つ選び，その**【説明】**を，次の □ にかきましょう。

〔資料３〕その他の資料

ア　A市とB市の人口
イ　A市とB市の観光客のうち海外からきた観光客の人数
ウ　A市とB市の観光客のうち20歳代の観光客の人数
エ　A市とB市の観光客が観光で使った1人あたりの金額

【使う資料】（　　　）

【説明】

問２　ひろしさんたちは，Ａ市役所に市の取り組みについて，話を聞きに行きました。その後，インタビューの内容を整理しました〔**資料４**〕。次の □ は，その後の話し合いの一部です。

あやこ：「観光のためにＡ市が重要と考えていることが分かったね。」
とおる：「市の取り組みでは，20歳代の観光客の滞在時間をのばす工夫《くふう》がされているね。」
あやこ：「取り組みがふえると，もっと効果が上がると思うよ。自分たちも，アイデアを出して，市に提案しようよ。」
ひろし：「いいね。〔**資料５**〕にあるものを活用する取り組みにしよう。」

〔資料４〕インタビューのまとめ

○市が重要と考えていること

観光客の滞在《たいざい》時間をのばして、市にあるものを楽しんでもらう。

○解決しなければならない問題

20歳代の観光客の目的は買い物や食事だけで、他の年代より商店街以外での滞在時間が短い。

○市が商店街と協力している取り組み

《着物でお散歩イベント》

着物のレンタルと食事がセットになったチケットを売り、市内の遺跡《いせき》・史跡《しせき》の地図を配って、着物で散歩や食事を楽しんでもらう。
（協力店：着物屋、和食レストラン）

〔資料５〕Ａ市の観光地図

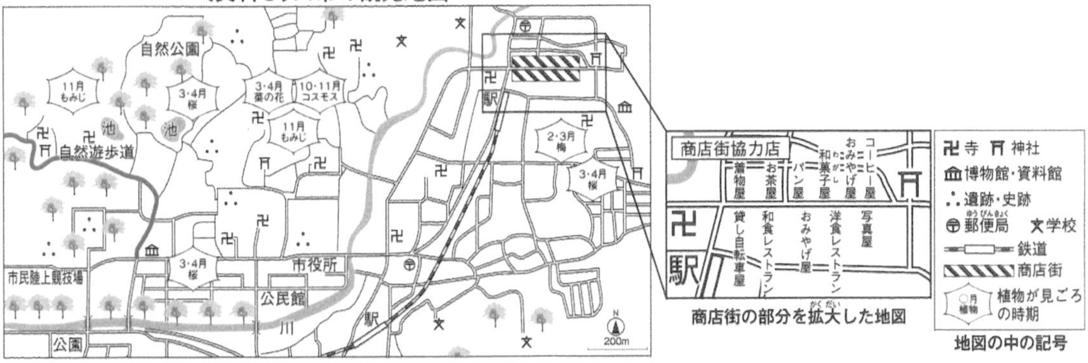

商店街の部分を拡大《かくだい》した地図

地図の中の記号

この後，ひろしさんは，市の取り組みとは別の「商店街だけでなく市内の他の場所でも，20歳代の観光客の滞在時間をのばす，商店街と協力した取り組み」を市に提案するために原稿《げんこう》をかきました。その中には，「商店街の１つまたは複数のお店と協力し，〔**資料５**〕にあるものを活用した具体的な取り組みの内容」と，「その取り組みのよさ」についてかいています。あなたが ひろしさんだったら，どのような原稿をかきますか。下の □ にかきましょう。

3 今日は，ななさんの誕生日《たんじょうび》です。今年の誕生日ケーキは底面が正方形の直方体で，上の面と側面にクリームが同じ厚さでぬられています。家族５人でクリームの量もふくめてケーキを等分します。

問１ こうきさんとななさんは，たて20㎝，横20㎝，高さ８㎝の直方体のケーキを**図１**のように５つに切り分ける方法を考えました。しかし，これでは切り分けたケーキのクリームの量が等しくありません。そこで２人は，去年の誕生日に，上の面と側面にクリームが同じ厚さでぬられた直径20㎝，高さ８㎝の円柱のケーキを**図２**のように５等分したことを思い出しています。

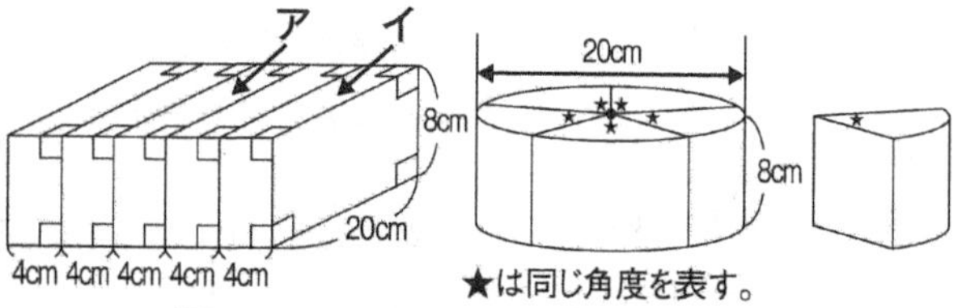

図1　**図2**　**図3**

⑴ ななさんは，**図１**のように切り分けたときの**ア**と**イ**の直方体のクリームがついた面の面積が，どれくらいちがうかを調べるために，面積の差を求めました。次の □ に求めた面積の差をかきましょう。

cm^2

⑵ 去年は，円柱のケーキの底面である円の中心のまわりの角を５等分して，**図２**のように底面に垂直《すいちょく》に切り分けました。この切り分け方でケーキの大きさだけでなくクリームの量も等しく切り分けられました。ななさんは，このときの１人分のケーキ（**図３**）のクリームがついた面の面積を求めました。あなたが ななさんだったら，どのように求めますか。**【クリームがついた面の面積】**と**【求め方】**を，次の □ にかきましょう。**【求め方】**には，式だけでなく図や言葉を使ってもかまいません。ただし，円周率は3.14とします。

【クリームがついた面の面積】 cm^2

【求め方】

問２　こうきさんとななさんは，底面が正方形である直方体のケーキを５等分する方法について，図をかきながら話しています。次の□は，そのときの会話の一部です。

こうき：「今年のケーキは，たて20㎝，横20㎝，高さ８㎝の直方体だね。」
な　な：「去年の円柱のケーキと同じように切り分けてみよう。直方体のケーキの上の面である正方形の対角線の交点を点**O**として，点**O**のまわりの角を５等分してみるよ（**図４**）。これでクリームの量も５等分できるかな。」
こうき：「クリームがついた側面の横の長さ（**図４**の太線の長さ）を測ってみると，**ウ**と**エ**ではちがっていたよ。そして，上の面の面積についても**ウ**と**エ**を調べてみるとちがっていたよ。点**O**のまわりの角ではなくて，正方形のまわりの長さに着目して切り分けるとどうかな。**やってみるね。**□」
な　な：「うまく分けられたね。まわりの長さに着目して切り分けると，クリームがついた側面の面積は等しくなるし，クリームがついた上の面の面積も等しくなるね。」

※直方体のケーキを
真上から見た図

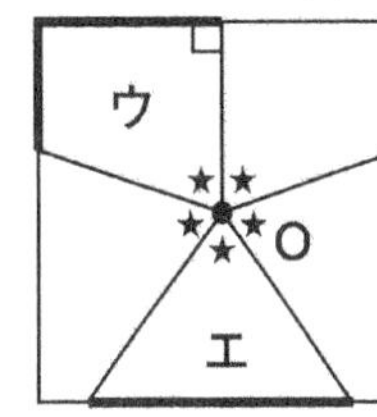

★は同じ角度を表す。
図4

こうきさんは，**やってみるね。**に続けて□で，正方形のまわりの長さに着目した切り分け方と切り分けられるケーキの上の面の面積が等しくなるかを図に表しながら調べました。そして，点**O**から５本の直線を引いて５等分する方法を見つけ説明しました。あなたが こうきさん だったら，どのように説明しますか。下の□の**【図】**に切り分ける線をかき，切り分けられるケーキのクリームがついた側面の横の長さをそれぞれかきこみ，**【説明】**に切り分けられるケーキの上の面の面積が等しくなることをかきましょう。**【説明】**には，言葉だけでなく図や式を使ってもかまいません。

【図】	**【説明】**
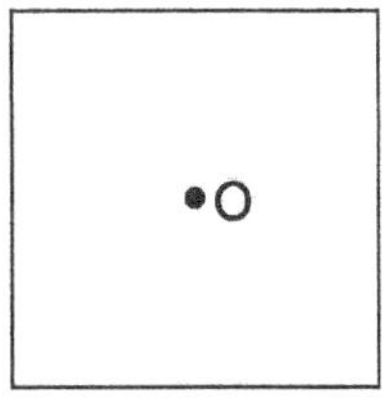	

（三枚目）

原稿用紙

検査番号

※

問一

問二

ますか。理由をふくめて二百字から三百字で書きましょう。

そのとき、次の【注意】にしたがって、原稿用紙に書きましょう。

【注意】 ◎ 原稿用紙には、題や氏名は書かないで、本文だけを書きましょう。

◎ 文章を見直すときには、次の（例）のように、付け加えたり、けずったり、書き直したりしてもかまいません。

（例）

朝の会で、私が司会をしているとき、友だちが~~やさしく~~意見を~~書いて~~出してくれました。

【作　文】（四〇分）

次の文章は、池上彰《いけがみあきら》さんの『なぜ僕《ぼく》らは働くのか—君が幸せになるために考えてほしい大切なこと—』という本の一部です。よく読んで、あとの問いに答えなさい。

二〇一五年、ある研究所からレポートが出され、日本の六百一種類の仕事に対して、将来《しょうらい》的にＡＩ《エーアイ》やロボットなどによって自動化される可能性の高い職種があると報告がありました。この中で書かれていたのは、今後数十年のうちに四十九％の人の仕事が自動化のえいきょうを受けるのではないかということでした。自動運転技術や翻訳《ほんやく》技術の飛躍《ひやく》的な向上の例から考えると、この話は現実的に思えます。

こんな時代では、言われたことだけをやるのではなく、自分がすべきことを考えながら行動を起こす必要があるでしょう。（中略）

ＡＩやコンピュータは、正確でつかれたりあきたりしません。また、ルールの決まっている作業はものすごい速度で行えるため、膨大《ぼうだい》なデータを使う仕事に関しては、人間よりも向いてます。しかし、ＡＩだって万能ではありません。苦手な分野があるのです。

その一つは、「創造《そうぞう》すること」です。チェスや将棋《しょうぎ》はＡＩが人間に勝つことはめずらしくなくなりましたが、新しいゲームやルールを作り上げるのはＡＩよりも人間のほうが得意としています。芸術作品や音楽などを生み出すＡＩもありますが、どんな作品が人の感情にうったえかけるのかというような、感覚的な部分を理解することはＡＩにはできません。モノを作り出す力はまだまだ人間のほうが得意ですし、ＡＩが何かを創《つく》り出せるようになったとしても、私《わたし》たちが創り出すものがＡＩが創り出すものに、絶対的におとるというようなことはないでしょう。

（池上彰『なぜ僕《ぼく》らは働くのか—君が幸せになるために考えてほしい大切なこと—』〈学研プラス刊〉によるものです。ただし、一部変えています。）

※ＡＩ……人工知能。コンピュータを使って、人間の知的な機能の働きを人工的に実現したもの。
※翻訳……ある国の言語・文章を同じ意味の他国の言語・文章に置きかえること。
※飛躍的……物事が急に良くなるさま。
※膨大……ふくれあがって大きくなること。
※創造……新しいものをつくり出すこと。
※おとる…他と比べて、かなわないこと。

問一　——線部について、「言われたことだけをやるのではなく、自分がすべきことを考えながら行動を起こ」したあなたの経験または身近な出来事を、その時の思いや考えをふくめて二百字から三百字で書きましょう。

問二　池上さんは、この本の中で、幸せになるために考えてほしい大切なことの一つとして「創造すること」を挙げています。この「創造すること」（新しいものをつくり出すこと）の大切さを考えたとき、あなたはこれから中学生として、どのようなことに取り組みたいと思い

2021 年 度

解 答 と 解 説

＜適性検査解答例＞《学校からの解答例の発表はありません。》

1 問1 **【みそ汁の実】** ねぎ(,)しいたけ

【理由】 ねぎとしいたけは，ご飯，とうふを入れたみそ汁，ウインナーソーセージにはふくまれない「体の調子を整える」栄養素をふくんでいるから。

問2 ① （ふっとうし，およそ100度になったお湯の熱は,）卵の外側から内側へだんだんと伝わっていくから，5分間では，外側の白身には完全に固まるほどの熱が伝わっても，内側の黄身までは完全に固まるほどの熱が伝わりきらないんだ。

② 65度くらいの低めの温度でも，20分以上温め続ければ熱が黄身まで伝わって，黄身は固まるけれど，外側の白身は固まらないままの温泉卵ができるのね。

2 問1 **【使う資料】** ウ

【説明】 A市とB市のそれぞれの20歳代の観光客の人数を20歳代の観光客が占める割合でわると，A市とB市それぞれの観光客全体の人数を求めることができて，その人数に宿泊した人の割合をかけると，宿泊した人数を計算できるからだよ。

問2 自転車のレンタルとお茶屋やコーヒー屋でのワンドリンクサービスがセットになったチケットを販売する取り組みを提案します。季節の植物が楽しめる自然公園付近は商店街周辺から歩くには少し遠いのですが，自転車を利用すれば気軽に行くことができます。サイクリングをしながら風景を楽しんだあと，ワンドリンクのチケットで休けいができます。自転車に乗った後であれば，お腹もすいて，飲み物といっしょに軽食や甘味も食べる人が多く，利益も見込めると考えます。

3 問1 (1) 160(cm^2)

(2) **【クリームがついた面積】** 163.28(cm^2)

【求め方】 上の面：半径10cmの円の$\frac{1}{5}$なので$10\times10\times3.14\times\frac{1}{5}=62.8$($cm^2$)

側面：ケーキの側面全体の面積の$\frac{1}{5}$なので

$20\times3.14\times8\times\frac{1}{5}=100.48$($cm^2$)

よって，クリームがついた面の面積は
$62.8+100.48=163.28$(cm^2)

問2 【図】

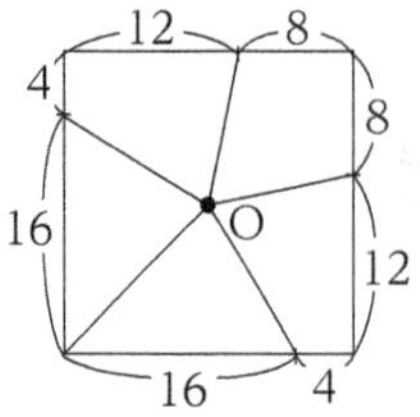

【説明】 正方形のまわりの長さは(20＋20)×2＝80(cm)だから，これを5等分すると80÷5＝16(cm)になるね。そこでクリームがついた側面の長さが1つ16cmになるように印をつけて，それぞれの印から点Oに向かって直線を引くよ。この線で切り分けると，1人分のケーキの上の面はどれも$16\times(20\div2)\times\frac{1}{2}=80(cm^2)$となって，等しいことがわかるね。ケーキの角をふくんでいるところは，正方形の頂点と点Oを結んで2つの三角形に分けて考えるよ。

＜適性検査解説＞

1 （家庭科・理科：料理，栄養素，熱）

問1 栄養素には，「体をつくるもとになる」「エネルギーのもとになる」「体の調子を整える」の3つがある。この中で，朝食に足りない栄養素はどれか，それに属する食品は何かを考える。

基本 問2 おもに文章中から読み取って考える。①は，しんいちさんの最初の発言に注目し，黄身まで熱が届かないことを述べる。②は，しんいちさんの2回目の発言に注目し，指定語を適切に使ってまとめる。

2 （社会：資料の読み取り）

問1 資料から必要な数字だけを使うことができるかどうかが重要。ここでは，全体人数が分かれば割合を用いた計算問題となる。

たとえばA市20歳代の観光客の人数が149人だとすると，A市全体の人数は1000人となり，1000に宿泊者の割合である0.5%(0.005)をかけると，その人数を出すことができる。B市も同様に考えられる。

重要 問2 商店街のお店と協力して滞在時間をのばす方法を考える。商店街付近での取り組みはすでに行われているので，商店街から離れた自然公園を活かす方法を考えたときに，自転車のレンタルをうながすのが良いだろう。自転車を利用することによって市内の滞在時間をのばし，それと同時に，商店街で使えるチケットや割引券で売り上げをのばす取り組みを考え，まとめる。

3 （算数：面積）

問1 ⑴は，図をよく見て，アとイにおけるクリームがついている面のちがいを見つけることができれば，その面の面積を求めるだけでよい。⑵は，上の部分と側面を分けて考え，それぞれ全体の$\frac{1}{5}$として面積を求める。最後に2つの部分を足すのを忘れないようにする。

問2 四角形が2つの三角形に分けられるということに気付けるかどうかが重要。四角形を三角形に分けて考えると，各辺から点Oに向かって引く垂線，つまり三角形の高さが等しいことがわかる。あとは底辺を等しくすればよいので，計算で求めた16cmずつになるように図にかきこむ。

★ワンポイントアドバイス★

問題文や資料をよく読み取って，必要な情報だけを使うことができるかどうかが重要。何をきかれているのかをよく理解し，大事なポイントをおさえてまとめることが求められる。

＜作文問題解答例＞《学校からの解答例の発表はありません。》

問一　私の学校では，毎年合唱コンクールが開さいされます。そのコンクールへ向けて学校から言われたのは，一時間の放課後練習だけでした。私のクラスは，練習期間の最初の二週間は他のクラスと同じように，放課後一時間の練習しかしませんでした。しかし，それでは他のクラスに勝つためには時間が足りないと考え，みんなで話し合い，放課後練習に加えて朝練習を取り入れることにしました。この取り組みにより，練習時間が増えただけなく，団結力が増し，より良い合唱を作ることができました。決められたことだけではなく，自分たちに何が必要かをよく考えて行動することの大切さを学びました。

問二　私はこれから「創造すること」を大切にして学校行事に取り組んでいきます。中学生になると，学園祭や合唱コンクールのように，クラスみんなで協力して一つの目標に向かい，一つのものを創り上げる機会が多くなると思います。新しい友人たちといっしょに取り組むとき，何を創り上げるか，どう工夫するかなどで意見が対立したり，アイディア不足におちいったりするかもしれません。しかし，私たち一人一人がちがった考えや好みを持っていることを活かしながら，いろいろな意見を出して話し合えば，面白い作品や理想の結果を生み出すことにつながると思います。私は，なかまの創造力を大切にしながら活動していきたいと思います。

＜作文問題解説＞

（国語：条件作文）

基本　文章をよく読み，出題されたテーマにそって作文する。

問一　自分の経験や出来事の中で，何が一番問題にそったものかを考える。自分たちで考え，行動を起こした結果学んだこと，という流れで記述すると，読み手に伝わりやすい。

問二　「創造すること」の大切さが深くかかわってくる取り組みを考え，具体的にわかりやすくまとめる。「創造すること」を，本文に出ている芸術作品や音楽だけにとらわれて考えすぎないように気をつける。おもに中学校の生活から考えるとよい。最初に自分の考えを述べ，どうしてそう考えたのかについて書く。

★ワンポイントアドバイス★

問題文をよく読んで，何を書くべきなのか整理してから記述しよう。字数の指定や条件があるため，いきなり書き始めるのではなくある程度文章の構成を考え，文の流れを確認してから書き始めるとよい。

MEMO

大切なことはメモしておこうネ！

2020年度

★★★★★★★★★★★★★★★★★★★★★★★

入　試　問　題

2020年度

福岡県立中学校・中等教育学校入試問題

【適性検査】（50分）

1　こうへいさんが，みほさんの家に遊びに行ったときのことです。

問１　こうへいさんとみほさんは，夏休みの思い出について話をしています。次の □ は，そのときの会話の一部です。

み　　ほ：「この３枚《まい》の写真（**図１**）は，夏休みに美術館に行ったとき，美術館の庭に展示《てんじ》してあった球体の作品を同じ位置から撮《と》ったものだよ。朝10時ごろに１枚，正午ごろに１枚，15時半ごろに１枚撮ったんだ。その日はよく晴れていて，かげのでき方にちがいがあったので，同じ作品でも，時刻によって見え方がちがって，おもしろかったよ。こうへいさんは，この３枚の写真を撮った順序が分かるかな。」

こうへい：「えっ，どうすれば写真を撮った順序が分かるのかな。」

み　　ほ：「作品から見て，東西南北のどの方位からこの写真を撮ったかを手がかりにすると，撮った順序が分かるよ。」

こうへい：「**そうか，**□」

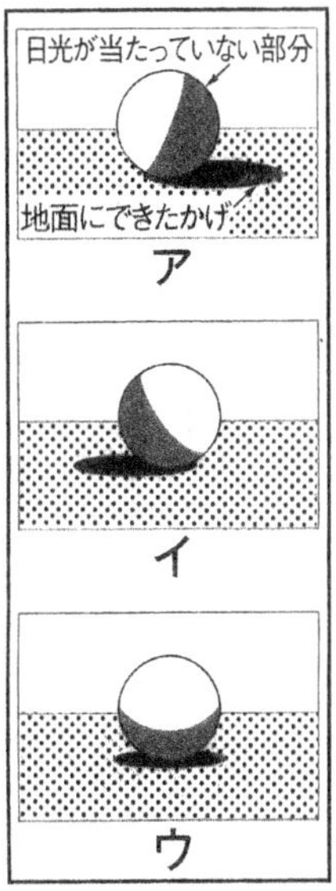

日光が当たっていない部分
地面にできたかげ
ア
イ
ウ

図１

こうへいさんは，会話の中の**そうか，**に続けて □ で，**ア**～**ウ**の写真を，「作品から見てどの方位から撮ったか」「撮った順序」「その方位と順序だと考えた理由」について説明しています。あなたがこうへいさんだったら，どのように説明しますか。**【方位】**には東・西・南・北のいずれかの方位，**【順序】**には**ア**～**ウ**の記号，**【理由】**には「その方位と順序だと考えた理由」を，次のそれぞれの □ にかきましょう。

【方位】		**【順序】**	→ →
【理由】			

問２　こうへいさんとみほさんは，２階の部屋から１階の部屋に移動することにしました。みほさんは階段をおりるために，２階のスイッチで階段の照明をつけ，階段をおりた後，１階のスイッチで階段の照明を消しました。その後，すぐに２階の部屋から出てきたみほさんのお兄さんが，２階のスイッチで階段の照明をつけ，１階におりてきました。次のページの □ は，そのとき

の会話の一部です。

こうへい：「どうして，２つのスイッチで照明をつけたり消したりすることができるのかな。」

み　　ほ：「この前，お父さんにたずねたら教えてくれたよ。この階段のスイッチのしくみをこの２つの図で説明するね（**図２**，**図３**）。例えば，スイッチが最初に**ア**につながっていた場合（**図２**），一度スイッチを操作《そうさ》すると，**ア**から**イ**に切りかわり，もう一度スイッチを操作すると（**図３**），**イ**から**ア**に切りかわるんだよ。この階段のスイッチと照明を理科で学習した回路の図に例えてかくね（**図４**）。この図は私《わたし》たちが２階の階段をおりる前のものとするよ。この後，私たちが２階のスイッチで照明をつけ，１階のスイッチで照明を消したよ。そしてお兄さんが２階のスイッチで照明をつけたね。この図をもとに，お兄さんが２階で照明をつけたときまでにスイッチがどのように切りかわったかを確認《かくにん》すると分かるよ。」

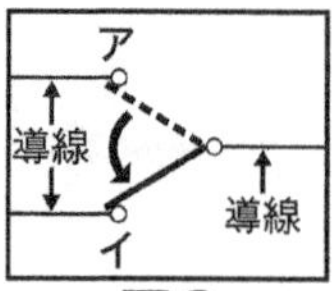

図2

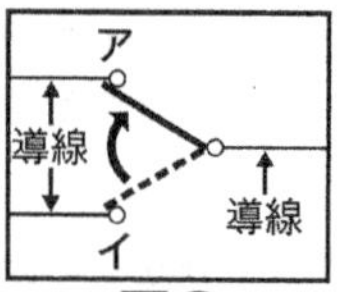

図3

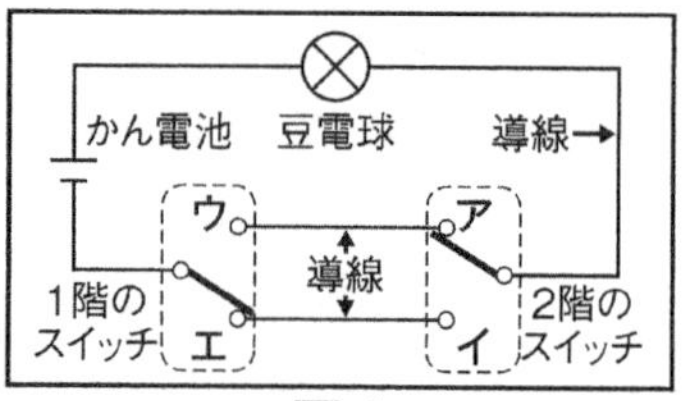

図4

この会話をふまえて，お兄さんが２階で照明をつけたときのスイッチの状態を，下の □ の**【お兄さんが照明をつけたときの回路の図】**に，**図４**にならって――でかきましょう。また，その図と**図４**をもとにして，どうして２階でも１階でも照明をつけたり消したりすることができるのかを，下の □ の**【説明】**に言葉でかきましょう。

【お兄さんが照明をつけたときの回路の図】

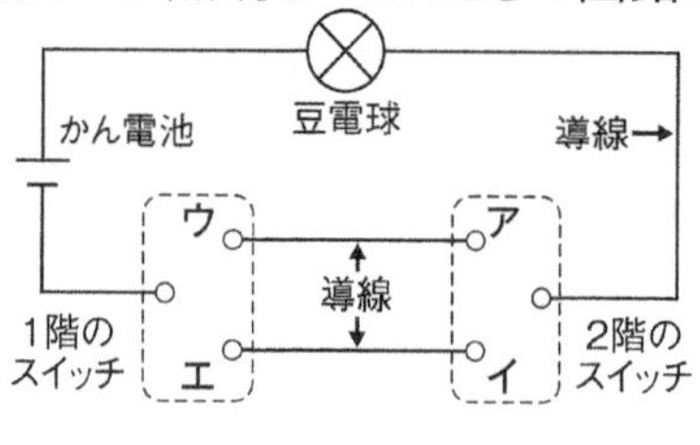

【説明】

２　たけしさんの学級では，総合的な学習の時間に「私《わたし》たちのくらしと防災」というテーマで学習をしています。

問１　まず，たけしさんたちは，まちに住んでいる人に対してのアンケート〔**資料１**〕やその結果〔**資料２**〕からまちの人たちが災害に備えて，どのような用意をしているかについて話し合いました。次の □ は，そのときの話し合いの一部です。

（**資料１**，**資料２**は次のページにあります。）

たけし：「〔資料１〕の１と２では，非常用飲料水についてたずねているね。」

ゆうこ：「この前読んだ防災ハンドブックには，非常用飲料水は『少なくとも３日分，できれば１週間分程度を用意しましょう。』とかいてあったね。〔資料２〕をみると，『災害対策アンケート』に回答した人の80%以上が３日分以上を用意していることが分かるね。」

たけし：「確かに〔資料２〕で３日分以上を用意している人の割合をたすと80%以上になるね。でも，〔資料１〕と〔資料２〕をもとに，80%以上という割合が何の割合を表しているかを考えると，そうとは言えないと思うよ。**それはね,** □ 」

〔資料１〕災害対策《たいさく》アンケート

1. 家庭で災害に備えて非常用飲料水を用意していますか。
(はい・いいえ)

「はい」と答えた場合は**2**へ、「いいえ」の場合は**3**へ

2. 何日分の非常用飲料水を用意していますか。
(1日分・2日分・3日分・4日分・5日分・6日分・7日分・8日分以上)

〔資料2〕アンケート結果

1. 家庭で災害に備えて非常用飲料水を用意していますか。
はい … 41%　いいえ … 59%

2. 何日分の非常用飲料水を用意していますか。

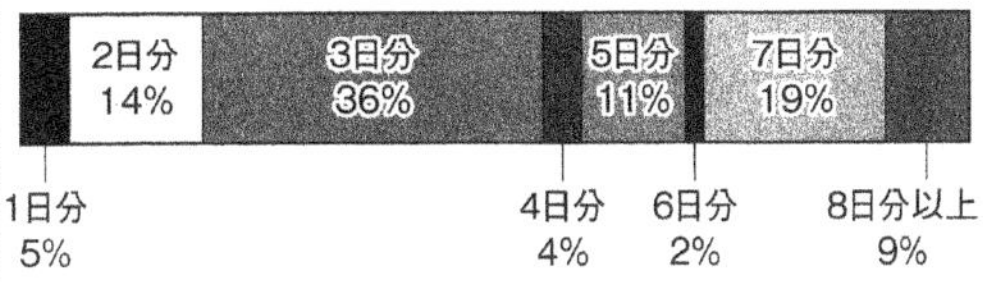

2日分
14%
3日分
36%
5日分
11%
7日分
19%
1日分
5%
4日分
4%
6日分
2%
8日分以上
9%

たけしさんは，発言の中の**それはね,** に続けて □ で，80%以上という割合が何の割合を表しているかを明らかにして，そうとは言えない理由を説明しています。あなたがたけしさんだったら，どのように説明しますか。次の □ にかきましょう。

問２　地震《じしん》から身を守るために大切なことについて調べているたけしさんの班では，消防士の方から話を聞きました。〔資料３〕は，自分たちが調べて分かったことと消防士の方から聞いて分かったことをまとめたものです。

〔資料3〕地震から身を守るために大切なこと

	自分たちが調べて分かったこと	消防士の方から話を聞いて分かったこと
事前	・家具がたおれないように、家具を固定しておく。 ・非常用持ち出しぶくろの中を確かめておく。	・地域《ちいき》の人と協力して防災マップをつくる。 ・地域の防災訓練に参加する。
地震発生時	・教室では、机の下にもぐり、机の脚《あし》をしっかり持つ。 ・外では、がけやブロックべいから はなれる。	・高齢者《こうれいしゃ》や体の不自由な方の避難《ひなん》を手助けする。 ・避難所で自分にできるお手伝いをする。

たけしさんの班は，これまで調べてきて分かったことをもとに，全体発表会に向けて，防災のために大切にしていきたいことについて，話し合っています。下の □ は，そのときの話し合いの一部です。

ゆうこ：「自分たちが調べて分かったことのほかにも，消防士の方の話を聞いて，新しく大切なことが分かったね。」

たけし：「消防士の方から話を聞いて分かった４つのことには，共通して言えることがあるよね。そのことを中心に発表しようよ。」

ゆうこ：「いいね。そういえば，防災の学習の最初に，先生が紹介してくれた去年の地域の防災訓練に参加した小学生の作文〔**資料４**〕があったね。そのことを発表に入れられないかな。」

たけし：「その作文の中に自治会長さんの『防災はあいさつなどから始めることが大事』という言葉があったけど，このことと防災はどのような関係があるのかな。」

先　生：「消防士の方の話とつなげて考えると見えてくると思うよ。」

この後，たけしさんは，全体発表会に向けて防災のために大切にしていきたいことについて発表原稿《げんこう》をかきました。その中で，消防士の方の話に共通して言えることを明らかにしています。そして，その「明らかにしたこと」と「あいさつなどから始めることの大事さ」を結びつけています。あなたがたけしさんだったら，どのような発表原稿をつくりますか。下の □ にかきましょう。

〔資料4〕去年の地域の防災訓練に参加した小学生の作文の一部

訓練には、まちの人や自治会長さん、消防団の方などが集まっていました。大人たちといっしょに消火活動やけが人を運ぶ手伝いをしました。訓練では日ごろ話したことのない近所の方ともたくさん話しました。訓練の最後に自治会長さんが「防災はあいさつなどから始めることが大事」と言われたことが心に残っています。今では、近所の方とあいさつをしたり、話をしたりするように心がけています。

3　すみれさんとあきらさんは，学校生活をよりよくする生活向上委員会に所属しています。

問１　生活向上委員会では，学校や地域《ちいき》をきれいにしようという目的で美化ポスターをつくりました。

〔**資料**〕は，すみれさんが，生活向上委員会でポスターをはるために，先生に相談しながら立てた計画です。

すみれさんとあきらさんは，立てた計画について話しています。次の □ は，そのときの会話の一部です。

〔資料〕美化ポスターをはる計画

○　生活向上委員１２人でポスターをはる。
○　各教室、ろう下、校外の３つのグループに分かれてはる。
○　各教室には１８枚《まい》、ろう下には２８枚、校外には３０枚はる。
○　それぞれのグループは、３人以上で活動する。
○　同じグループ内では、１人がはるポスターの枚数を同じにする。

すみれ：「先生に相談して，このように計画を立てたよ〔**資料**〕。」

あきら：「それぞれのグループの人数は，何人になるのかな。」

すみれ：「**それはね，** □ 」

すみれさんは，**それはね，**に続けて □ で，それぞれのグループの人数と，その求め方を説明しています。あなたがすみれさんだったら，どのように説明しますか。ポスターをはるそれぞれのグループの人数と，その求め方の【**説明**】を，次のページの □ にかきましょう。

各教室（　　　）人，ろう下（　　　）人，校外（　　　）人
【説明】

問２　生活向上委員会では，花だんにチューリップを植えるために，球根がいくつ必要か計画を立てています。次の□は，すみれさんが考えた球根を植える計画です。

〔球根を植える計画〕

○用意できる球根の数は，150個まで。

○花だんは，たて120cm，横210cmの長方形。

○球根と球根のたての間隔《かんかく》，横の間隔は，どちらも10cm以上15cm以下にする。

○球根は，できるだけ多く植える。

＜球根の植え方＞※右の図のように植える。

○球根と球根のたての間隔は，同じにする。

○球根と球根の横の間隔は，同じにする。

○花だんのはしから１つめの球根までのたての長さは，球根と球根のたての間隔と同じ長さにする。また，横についても同様にする。

○球根と球根のたての間隔を▲cm，横の間隔を■cmとしたとき，▲と■は，どちらも整数にする。

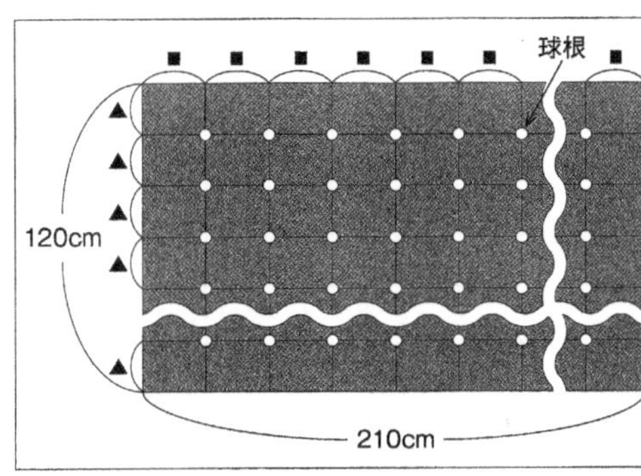

図

すみれさんは，球根を植える計画をもとに，植えることができる球根の最大の個数とその求め方を言葉と式などで説明しています。あなたがすみれさんだったら，どのように説明しますか。**【植えることができる球根の最大の個数】**とその求め方の**【説明】**を，下の□にかきましょう。

【植えることができる球根の最大の個数】（　　　　　）個
【説明】

原稿用紙

検査番号

※

問一

200

300

問二

200

300

由もふくめて二百字から三百字で書きましょう。

そのとき、次の**【注意】**にしたがって、原稿用紙に書きましょう。

【注意】 ◎ 原稿用紙には、題や氏名は書かないで、本文だけを書きましょう。

◎ 文章を見直すときには、次の（例）のように、付け加えたり、けずったり、書き直したりしてもかまいません。

（例）

私が　出して

朝の会で、司会をしているとき、友だちが~~やさしく~~意見を~~書って~~くれました。

【作　文】（四〇分）

次の文章を読んで、あとの問いに答えなさい。

明子《あきこ》さんの学校の児童会活動では、委員会ごとに目標を決めて、学校生活をさらに充実《じゅうじつ》させるための取り組みをしています。

栽培《さいばい》委員会の取り組みは、「花いっぱい運動」になりました。「花いっぱい運動」の目標は、全校児童が積極的に参加することで、学校じゅうの花《か》だんを花でいっぱいにすることです。そこで、栽培委員会では、目標を達成するために、「花いっぱい運動」の進め方について話し合いをすることになりました。次は、栽培委員会の話し合いの様子です。

委員長「みなさん、こんにちは。今日《きょう》は、前回の委員会で決めた『花いっぱい運動』の具体的な進め方について、みんなで意見を出し合いたいと思います。『花いっぱい運動』の目標は、全校児童が積極的に参加することで、学校じゅうの花だんを花でいっぱいにすることです。この目標を達成するために、どのような方法で『花いっぱい運動』を進めたらよいと思いますか。どなたか、意見をお願いします。」

明　子「はい。私《わたし》は、学級ごとに花だんの割《わ》り当てをして、それぞれの学級で花だんのテーマを決めて、育てる方法がよいと思います。どんな花を植えたらよいか、どんな形に植えたらよいかなど、みんながいろいろな意見を出してくれると思うからです。また、『自分たちの花だんだ。』という意識をもつことで、みんなが進んで花のお世話をするようになると思います。」

委員長「ありがとうございます。他に意見のある人はいますか。」

一　平《いっぺい》「はい。僕《ぼく》は、咲《さ》いている花を植えるのではなく、種《たね》から育てる方法がよいと思います。その理由は、みんなが花だんのお世話をする時間が増えるからです。お世話をする時間が増えると、みんなが花を咲かせる工夫《くふう》をいろいろと考えながら取り組めるので、みんなが進んで花のお世話をするようになると思います。」

委員長「ありがとうございます。栽培委員まかせにならず、みんなで取り組めるよい意見ですね。」

〜（話し合いが続く）〜

問一　あなたが栽培委員だったら、「花いっぱい運動」の方法について、どのような提案をしますか。より積極的に全校児童が参加するために、あなたが考える「花いっぱい運動」の方法について、理由もふくめて具体的に二百字から三百字で書きましょう。その方法については、明子さんが言う「学級ごとに花だんの割り当てをして、それぞれの学級で花だんのテーマを決めて、育てる方法」と一平さんが言う「種から育てる方法」とは違《ちが》うものを書きましょう。

問二　一平さんが言う「種から育てる方法」のよいところは、「みんなが花だんのお世話をする時間が増える」こと以外にもあります。時間をかけて種から育てることで、どのようなよい変化がみられると思いますか。「一人ひとりの心」と「仲間とのかかわり方」の面から、理

2020 年 度

解 答 と 解 説

＜適性検査解答例＞《学校からの解答例の発表はありません。》

1 問1 【方位】 南　　【順序】 **イ→ウ→ア**

【理由】 地面にできたかげの長さは，**ア**，**イ**，**ウ**の順に大きいです。太陽が南中する正午ごろのかげの長さは一番短くなります。よって，正午ごろの写真は**ウ**です。次に，15時半ごろと10時ごろでは，正午に近い10時ごろのかげの長さのほうが短くなるので，10時ごろの写真は**イ**です。したがって，**イ**，**ウ**，**ア**の順に撮ったと考えられます。太陽は東から西に動くので，この写真は南から撮ったと考えられます。

問2 【お兄さんが照明をつけたときの回路の図】

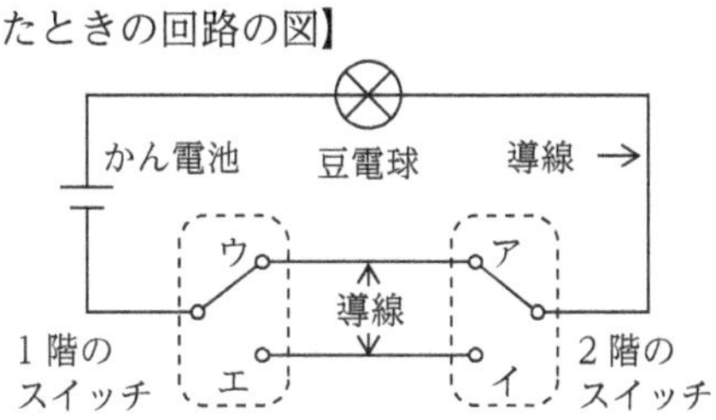

【説明】 電気が通る道が一つにつながっているとき，回路が成り立ち，照明をつけることができます。図4は回路ができていないので，照明がつきません。２階のスイッチで**ア**から**イ**に切りかわると，回路ができて照明をつけることができ，１階でスイッチを**エ**から**ウ**に切りかえると，回路ができなくなり，照明はつかなくなります。このようにスイッチをそれぞれ切りかえることで，照明をつけたり消したりできます。

2 問1 80％以上という割合は，**資料１**のアンケートの１で「はい」と答えた人の中で３日分以上の水を用意している人の割合だね。だから，アンケート１で「いいえ」と答えた人もふくめると，アンケートに回答したすべての人の中で３日分以上の水を用意している人の割合は80％よりも低いはずだよ。

問2 消防士の方から話を聞いて，事前に地域の防災訓練に参加することや，災害時には高齢者や体の不自由な方の避難の手助けをすることが大切であると知りました。このことから，日ごろから地域の人とのかかわりを持つこと，たとえば，日ごろから近所の方とあいさつをしてコミュニケーションをとることは，災害のときに助け合うためにも重要なことだと気づかされました。

3 問1 各教室　3人　　ろう下　4人　　校外　5人

【説明】 それぞれのグループの人数は，3人以上だから，最大でも$12-3\times2=6$人になる。3以上6以下の18，28，30の約数はそれぞれ，

各教室　18：3，6

ろう下　28：4

校外　　30：3，5，6

となる。生活向上委員は12人だから，足して12になる組み合わせを考えると，各教室3人，ろう下4人，校外5人の組み合わせになる。

問2　【植えることができる球根の最大の個数】　143

【説明】　球根を植える間隔は同じで，10ｃｍ以上15cm以下であることから，▲と■はそれぞれ10以上15以下で120と210の約数である。

▲　120：10，12，15

■　210：10，14，15

植える球根の数は(120÷▲－1)×(210÷■－1)で求めることができる。150を超えない最大の組み合わせは，▲＝10，■＝15のときで，このとき球根の数は143個。

＜適性検査解説＞

1　(理科：太陽の動き，電気の通り道)

問1　太陽の動きとかげの関係を利用して解く。太陽の位置とかげがのびる方向は反対であることと正午に太陽が南中することがわかれば，かげがのびている方向と長さから推測《すいそく》して，撮《と》った方位と順序を説明できる。

問2　照明がつくのは，回路が一つの輪になっているときであることを理解する。お兄さんが照明をつけたときの回路の図は，みほさんがスイッチを切りかえたこともふくめてていねいに考える。説明では照明がつく仕組みを，図４をもとに順に説明すればよい。

基本　2　(社会：資料の読みとり)

問1　アンケートを読みとるときは，回答者のはんいを考える必要がある。誰《だれ》がアンケートに回答しているのかを資料から読みとり，このことをわかりやすく説明をする。

問2　まず，「消防士の方の話に共通して言えること」をまとめる。消防士の方の話から，地域《ちいき》の方との協力や助け合いができる関係にあることが重要であると考える。その内容を「あいさつなどから始めることの大事さ」に結び付けた発表原稿《げんこう》になるように，近所の人とあいさつを通じて，日ごろからかかわりあうことの大切さをまとめればよい。

重要　3　(算数：組み合わせを考える)

問1　人数の組み合わせを考える問題である。資料から条件をよくはあくする。それぞれのグループの人数は，3人以上なので，もし3人のグループが2つあるとき，残る一つのグループの人数は，12−3×2＝6人になる。よって，１グループの人数は3人以上6人以下になることがわかる。各グループの人数は18，28，30の約数でもあるから，それぞれのグループの人数は，各教室は3人，6人，ろう下は4人，校外は3人，5人，6人の可能性が考えられる。生活向上委員は12人なので，足して12になる組み合わせを考えると，各教室3人，ろう下4人，校外5人の組み合わせとわかる。

問2　球根の数と植える間隔《かんかく》の条件をよくはあくすることが大切である。間隔の条件から，▲と■にあてはまる数字は，それぞれ▲：10，12，15，■：10，14，15の可能性が考えられる。次に，植える球根の式を考える。間隔が▲cmと■cmであるとき，たてと横それぞれ植えることができる球根の数は，$(120 \div \blacktriangle - 1)$個，$(210 \div \blacksquare - 1)$となる。よって全体に植える球根の数を表す式は$(120 \div \blacktriangle - 1) \times (210 \div \blacksquare - 1)$となる。球根を150個以下で，できるだけ多く植える組み合わせは，$(\blacktriangle, \blacksquare) = (10, 15)$のときで，そのとき球根の数は143個である。

★ワンポイントアドバイス★

問題文や資料をよく読み取って，わかりやすく記述していくことが大切である。何を聞かれているのかをよく理解し，大事なポイントをおさえてまとめていくことが求められている。

＜作文問題解答例＞《学校からの解答例の発表はありません。》

問一　私は，全校児童一人ひとりが自分の好きな花を一種類ずつ選んで育てる方法がいいと思います。選んだ花は，花だんに植えて，その花のすぐそばに自分の名前を書いた小さなかん板を土にさして，それぞれが選んだ花のお世話をします。この提案をする理由は二つあります。一つ目は，みんながそれぞれ好きな花を選ぶことで，花だんにいろいろな種類の花が植えられて，見た目がはなやかになるからです。二つ目の理由は，一人ひとりが自分の名前がそばに表示された花を担当することで，自分の花に対する責任感や愛着が強くなり，大切にお世話するようになると思うからです。

問二　種から育てると，花の成長過程のすべてを学ぶことができると同時に，時間をかけて大切に育てた花が咲いた時の感動や，花がかれていく悲しみが，一人ひとりの心を豊かにすると思います。また，花を咲かせるために花のお世話の工夫について，みんなで意見を出し合いながら育てることができます。みんなで協力したり，みんなのために自分は何をしたらよいかを考えて行動できるようになったりするので，仲間とのかかわり方を学ぶきっかけにもなると思います。

＜作文問題解説＞

（国語：条件作文）

まず文章を読み，出題されたテーマにそって作文する。

問一　『花いっぱい運動』の目標は，全校児童が積極的に参加し，学校じゅうを花でいっぱいにすることである。新しい提案が目標達成にどのようにつながるかを考え，その理由をわかりやくすく説明することが求められている。全校児童がどのようにすれば積極的に参加したくなるか，そしてその理由をしっかり書くことが大切である。

問二　「種から育てる方法」という提案に対する理由をわかりやすくまとめる。「一人ひとりの心」の面に関しては，花を種から育てることで，花の成長過程が一人ひとりの心にえいきょうすることなど，心に働きかける作用をまとめる。「仲間とのかかわり方」に関しては、花を育てることで仲間と協力することや自分が仲間のために行動するなどといった仲間との関係についてまとめる。

★ワンポイントアドバイス★

問題文をよく読んで，何を書くべきなのか整理してわかりやすく記述しよう。字数の指定があるため，いきなり書き始めるのではなくある程度文章の構成を考えてから原稿用紙に書くとよいだろう。

2019年度

★★★★★★★★★★★★★★★★★★★★★★★★

入　試　問　題

2019年度

福岡県立中学校・中等教育学校入試問題

【適性検査】（50分）

1　けいこさんと弟のひろしさんの夏休み中のできごとです。

問1　外で遊んでいた けいこさんとひろしさんは，暑かったので冷ぼうのきいた すずしい部屋で，おやつにアイスクリームを食べることにしました。次の□は，そのときの会話の一部です。

ひろし：「このアイスクリームは，かちかちに固くなっていて，スプーンが全然入らないよ。」
家の人：「それはプラスチックのスプーンでしょ。それなら，このアルミニウムのスプーンを使ってごらん。」
ひろし：「あれっ。スプーンが当たった部分のアイスクリームの表面が少しとけて，スプーンが入るようになったよ（図1）。どちらのスプーンも形や大きさ，厚みはほとんど同じだし，同じ力を加えたのに，どうして少しとけたのかな。」
けいこ：「**そうか，**□」

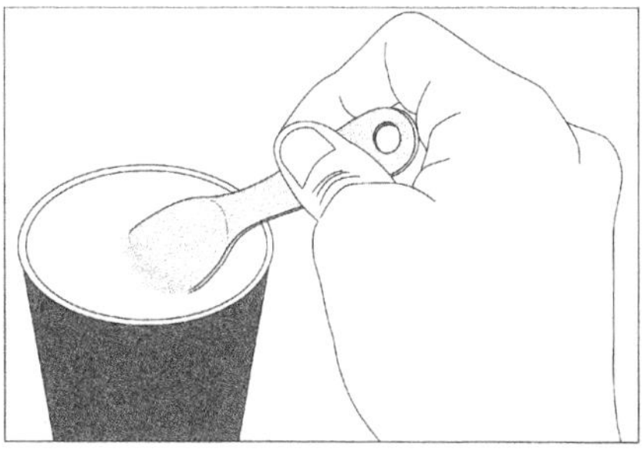

図1

けいこさんは，会話の中の **そうか，** に続けて□で，「固いアイスクリームの表面がプラスチックのスプーンでは とけなかったのに，アルミニウムのスプーンでは少しとけた理由」について考えたことを説明しています。あなたが けいこさんだったら，どのように説明しますか。次の□にかきましょう。

問2　夕方になって，けいこさんとひろしさんは，夕食づくりの手伝いを始めました。この日，二人は，家の庭で育てているミニトマトと水菜《みずな》を 朝，収かくして，それぞれを同じ大きさのビニールぶくろに入れ（図2），すぐに冷蔵庫の中に入れていました。

ひろしさんが，サラダをつくるため，冷蔵庫に入れていたミニトマトと水菜を取り出したとき，気づいたことをけいこさんに言いました。ひろしさんが言ったことは 次のページの□のとおりです。

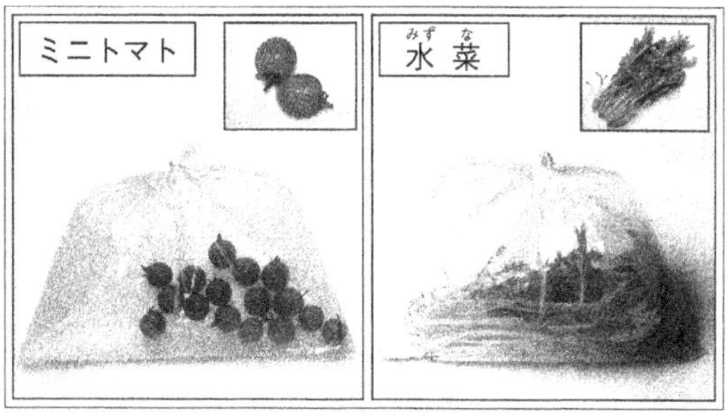

図2

ひろし：「ミニトマトと水菜の入ったビニールぶくろは，朝と比べて，両方とも少ししぼんでいるよ。それに，ミニトマトの入ったビニールぶくろの内側には，水てきはほとんどついていないけれど，水菜の入ったビニールぶくろの内側には，水てきがたくさんついているよ（図３）。どちらのふくろも，ビニールぶくろの口を結んで，空気の出入り口は ふさいでいるし，ビニールぶくろも破れていないのに，どうしてかな。」

これを聞いたけいこさんは，冷蔵庫に入れる前の状態を思い出しながら，冷蔵庫から出したときのミニトマトの入ったビニールぶくろと水菜の入ったビニールぶくろのそれぞれの状態を比べて，「水菜の入ったビニールぶくろがしぼんだ理由とそのビニールぶくろの内側に水てきがついた理由」についてそれぞれ説明しました。あなたが けいこさんだったら，どのように説明しますか。下の □ にかきましょう。

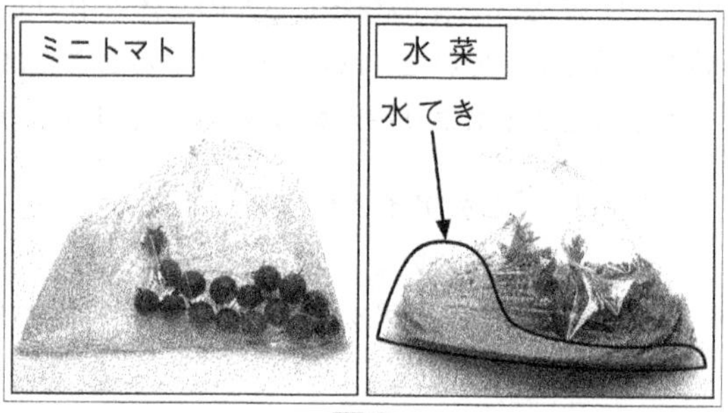

図3

□ けんたさんとあおいさんの学級では，総合的な学習の時間に，「だれもが住みよいまち」について考える学習をしています。

問１　けんたさんとあおいさんの班では，「高齢者《こうれいしゃ》（65才以上）が住みよいまち」について考えることにしました。まずはじめに，先生が紹介《しょうかい》してくれた〔資料１〕をもとに将来《しょうらい》の日本の人口の特ちょうについて話し合いました。次の □ は，そのときの話し合いの一部です。

けんた：「これからは，高齢者が多い社会になっていくという話をよく聞くけど，〔資料１〕を見ると，高齢者の数に大きな変化はないようだね。」

あおい：「たしかに，高齢者の数には大きな変化がないように見えるね。でも，〔資料１〕をよく見てみると，高齢者が多い社会になるといわれることの意味がわかるよ。**それはね，** □ 」

あおいさんは発言の中の **それはね，** に続けて □ で，「高齢者が多い社会になるといわれることの意味」について説明しています。あなたが あおいさんだったら，どのように説明しますか。次のページの □ にかきましょう。

〔資料１〕日本の年齢《ねんれい》別人口の変化予測

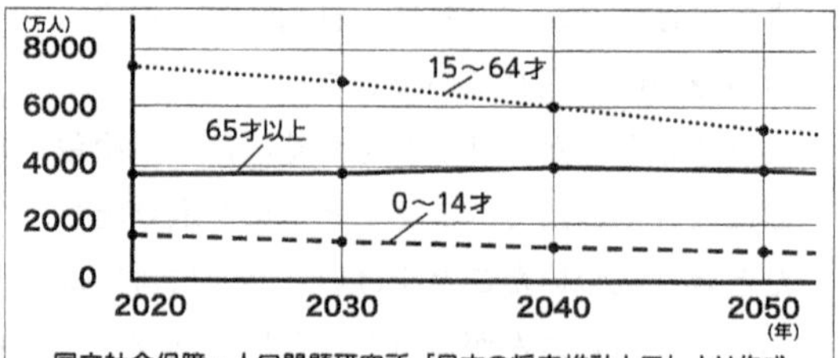

国立社会保障・人口問題研究所「日本の将来推計人口」より作成

問2　けんたさんとあおいさんの班は「高齢者が住みよいまち」について，公共施設《しせつ》に来ていた高齢者の方にインタビューをしました。その後，けんたさんたちはインタビューの内容をもとに，「『高齢者が住みよいまち』にするために大切なこと」をカードに書き出し，黒板に整理しました。そして，整理したものをまとめ，他の班に伝えるための発表原稿《げんこう》をつくることにしました。次の［　］は，そのときの話し合いの一部です。

あおい：「カードを整理すると，『国・県・市町村ができること』と『自分たちができること』の２つのグループに分けることができたね〔**資料２**〕。」

けんた：「どちらのグループのカードの内容も，全部，高齢者の立場に立って考えられているね。 じゃあ，グループごとに全部のカードの内容を紹介すれば発表原稿になるよね。」

先　生：「２つのグループに分けたところはいいですね。しかし，カードの内容を紹介するだけでは，まだ，発表原稿としてまとめたことには なっていないんじゃないかな。それぞれのグループのカードの内容に共通することを明らかにし，それらをふまえて高齢者が住みよいまちにするために大切なことについてまとめると，あなたたちの班の考えたことがよくわかる発表原稿になりますよ。」

〔資料２〕２つのグループに整理したカード

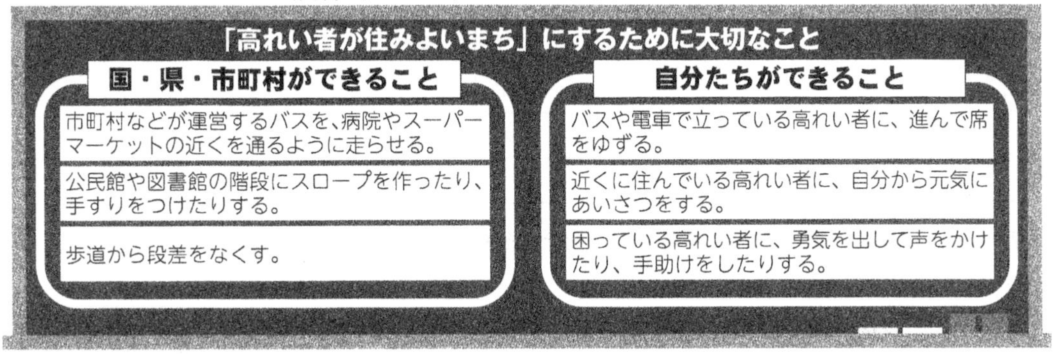
「高れい者が住みよいまち」にするために大切なこと
国・県・市町村ができること
市町村などが運営するバスを、病院やスーパーマーケットの近くを通るように走らせる。
公民館や図書館の階段にスロープを作ったり、手すりをつけたりする。
歩道から段差をなくす。
自分たちができること
バスや電車で立っている高れい者に、進んで席をゆずる。
近くに住んでいる高れい者に、自分から元気にあいさつをする。
困っている高れい者に、勇気を出して声をかけたり、手助けをしたりする。

この後，けんたさんは，「『高齢者が住みよいまち』にするために大切なこと」について，話し合いの中の**下線部（先生のアドバイス）**をもとに，班の考えをまとめ，発表原稿をつくりました。あなたが けんたさんだったら，どのような発表原稿をつくりますか。下の［　］にかきましょう。

3　あきらさんとさくらさんが入っている工作クラブでは，自分たちで箱を作り，その箱と球を使ったゲームをすることにしました。

問１　あきらさんとさくらさんは，まず，ゲームで使う３つの立方体の箱を作ることにしました。それぞれの箱には，♥（ハート），♣（クラブ），♠（スペード）の中から１つを選んでかくことにしました。そして，その絵は，箱が完成したとき，向かいあう一組の面に，同じ向きで同じ大きさとなるようにしました（**完成図**）。

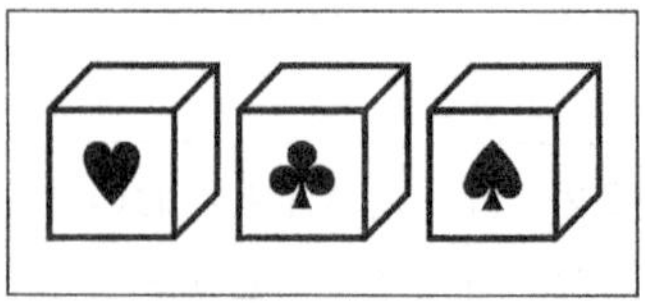

完成図

あきらさんとさくらさんは，３つの箱の展開図をかくように４年生にたのみ，できあがった展開図を切り取って，絵が見えるように組み立てようとしましたが，**完成図**のとおりにならない展開図がいくつかありました。

下の**ア**～**カ**の展開図について，正しい展開図には記号のらんに「○」をかきましょう。また，誤っている 展開図には 記号のらんに「×」をかき，その理由のらんに「**完成図**のとおりにならない理由」をかきましょう。

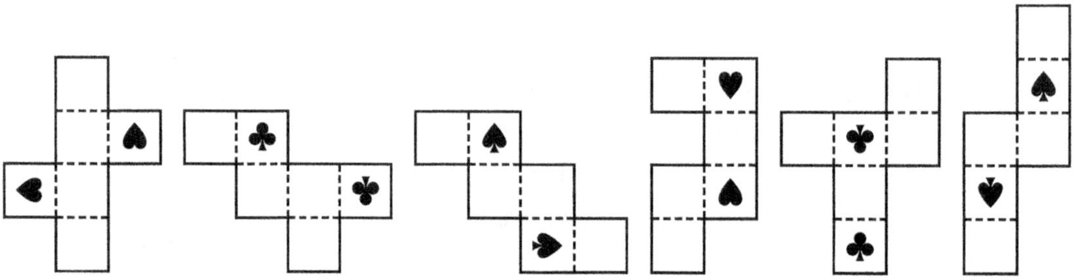

ア　　イ　　ウ　　エ　　オ　　カ

	記号	理　由		記号	理　由
ア			エ		
イ			オ		
ウ			カ		

問２　あきらさんは，箱の中を見ずに３つの箱それぞれに入っている球の個数を当てるゲームを，次の［　　］のように考えました。

①　♥，♣，♠の３つの箱に合計20個の球を入れる。球の入れ方のルールは，次の［　　］のとおりにする。

・それぞれの箱に入れる球の個数は、1個以上10個以下にする。
・球の個数は、♥の箱より♣の箱が少なく、♣の箱より♠の箱が少なくなるようにする。

②　次の４枚の**ヒントカード**の中から１枚を選び，その**ヒントカード**から得られた情報をもとに考える。

ヒントカード1	ヒントカード2	ヒントカード3	ヒントカード4
♥の箱の球の個数	♣の箱の球の個数	♣の箱の球の個数	♠の箱の球の個数
♣の箱の球の個数は偶《ぐう》数《すう》か奇《き》数《すう》か	♥の箱の球の個数は偶数か奇数か	♠の箱の球の個数は偶数か奇数か	♣の箱の球の個数は偶数か奇数か

あきらさんから，ゲームの内容について聞いた さくらさんは，４枚の**ヒントカード**の中で，ある１枚の**ヒントカード**を選べば，♥，♣，♠のそれぞれの箱に入っている球の個数を確実に当てることができることに気づきました。

どの**ヒントカード**を選べば，それぞれの箱に入っている球の個数を 確実に当てることができますか。下の【ヒントカードの番号】のらんに，１～４の数字をかきましょう。また，その**ヒントカード**について，球の個数を確実に当てることができる理由を，下の**【理由】**のらんにかきましょう。

【ヒントカードの番号】 **ヒントカード**（　　　）
【理由】

原稿用紙

検査番号

※

問一

私はレクリエーション係をつくるといいと思います。

200

300

問二

200

300

【作　文】（四〇分）

次の文章を読んで、あとの問いに答えなさい。

花子さんの学級では、四月に「ひとりはみんなのために、みんなはひとりのために考えて行動しよう」という目標を立て、その達成に向けてさまざまな活動を行っていくことになりました。

学級の目標を立ててから一週間が過ぎ、学級にとって必要な係を決める話し合いを行いました。議長の太郎《たろう》さんは「学級全員で分担《ぶんたん》する日直やそうじなどの当番活動にはしっかりと取り組めています。今回話し合う係活動は、学級の生活を楽しく充実《じゅうじつ》したものにするために行うものです。どんな係が必要かアイデアを出し合いましょう。」と言いました。花子さんは、お楽しみ会などを計画して実行するレクリエーション係が必要であり、この係をつくることが学級の目標の達成にもつながるのではないかと考え、理由とともに提案しました。そのほかにも学級新聞係や生き物係などについて意見が出され、係を決めることができました。

それから二か月ほどが過ぎ、これまでの係活動の取り組みについて振《ふ》り返りました。その話し合いでは、「それぞれの係で決めたことに取り組んでいる」、「全員が係の仕事を行っている」といった良い点があげられた一方で、「ほかの係がどのような活動をしているのかよくわからない」、「一部の人たちだけが楽しめる活動になっていることがある」という二つの問題点があげられました。そこで、これらの問題点を解決するための方法について、意見を出し合うことにしました。

問一　――線部「花子さんは、お楽しみ会などを計画して実行するレクリエーション係が必要であり、この係をつくることが学級の目標の達成にもつながるのではないかと考え、理由とともに提案しました」とありますが、あなたが花子さんならどのように提案しますか。「私《わたし》はレクリエーション係をつくるといいと思います。」という一文に続け、この一文をふくめて二百字から三百字で書きましょう。

問二　花子さんの学級における係活動の問題点について、どちらか一つを取り上げ、それを解決する方法について、あなたのこれまでの経験をもとにして二百字から三百字で書きましょう。

そのとき、次の【注意】にしたがって、原稿用紙に書きましょう。

【注意】◎　原稿用紙には、題や氏名は書かないで、本文だけを書きましょう。

◎　文章を見直すときには、次の（例）のように、付け加えたり、けずったり、書き直したりしてもかまいません。

（例）

朝の会で、（私が）司会をしているとき、友だちが~~やさしく~~意見を~~言って~~（出して）くれました。

MEMO

大切なことはメモしておこうネ！

2019 年 度

解 答 と 解 説

＜適性検査解答例＞《学校からの解答例の発表はありません。》

1 問1 プラスチックより金属の方が熱を伝えやすいので，手の熱が金属であるアルミニウムのスプーンに伝わってアイスクリームがとけたんだね。

問2 ビニールぶくろがしぼんだのは，冷蔵庫に入れたことでふくろの中の空気が冷やされて縮んだからだね。また，水菜の葉は蒸散を行っていて，葉から水蒸気が出されたからふくろの内側に水てきがついたんだね。

2 問1 65才以上の人口は大きく変化していないが，0～14才と15～64才の人口が減っているので，全人口の中の高齢者の割合が大きくなるという意味だよ。

問2 高齢者が住みよいまちにするために，国・県・市町村はバスが通る範囲を広げたり，公共施設にスロープを作ったり段差を少なくしたりして，高齢者が移動しやすくする工夫が必要です。私たちは，席をゆずったり，困っている高齢者を見かけたら手助けをしたりと，勇気を出して自ら高齢者に声をかけていくことが大切です。

3 問1 ア ○

イ × 理由：絵がとなり合う面にかかれているから。

ウ ○

エ × 理由：面が重なってしまい立方体にならないから。

オ ○

カ × 理由：向かい合う面にかかれた絵が同じ向きにならないから。

問2 【ヒントカードの番号】 4

【理由】 20の数を，すべての数がことなり1以上10以下になるように3つに分ける分け方は，(1, 9, 10)(2, 8, 10)(3, 7, 10)(3, 8, 9)(4, 6, 10)(4, 7, 9)(5, 6, 9)(5, 7, 8)の8通りである。♠に入る球の個数に注目すると，1と2のときは1通りに決まり，3～5のときはそれぞれ2通りで，♣に入る個数が偶数か奇数かで分けることができるから。

＜適性検査解説＞

1 （理科：金属，植物の葉の特徴）

問1 金属とプラスチックの特性のちがいを利用して解く。アイスクリームがとけたことから，アルミニウムのスプーンは，プラスチックのスプーンよりも熱を伝えたことがわかる。ここで，アルミニウムが金属であることがわかれば，金属は熱を伝えやすいために手の熱がスプーンにより伝わって，アイスクリームがとけたということを説明できる。

問2 ふくろが縮んだのは，冷蔵庫に入れたことで中の空気が冷やされて縮んだからである。これはトマトと水菜の入った袋に共通して起こる現象である。一方で，水菜の入ったふくろの内側にたくさん水てきがついたのは，トマトと水菜のちがいに注目して説明する。水菜はたくさんの葉をもつ野菜であるので，蒸散という葉から水蒸気が出される現象が起こっている。この水蒸気が冷やされることで袋の中には水てきがたくさんついていた。

基本 2 **（社会：資料の読みとり）**

問1　65才以上の人口はあまり変化していないが，0～14才の人口はやや減少し，15～64才の人口は大幅に減少している。そのため，65才以上の高齢者の人口が，全人口に占める割合は大きくなり，高齢者が多い社会になることが予想される。

問2　まず，「国・県・市町村ができること」と「自分たちができること」のそれぞれ3つのカードに共通することを見つける。「国・県・市町村ができること」の3つのカードに共通することは，町の構造に関することであり，高齢者が移動したり施設を利用したりするときに，不便のないような工夫が示されている。「自分たちができること」の3つのカードには，「進んで席をゆずる」，「自分からあいさつをする」，「勇気を出して声をかける」，といった自ら行動して高齢者と関わっていくことがかかれている。このような内容を，わかりやすくまとめる。

重要 3 **（算数：立体，場合の数）**

問1　1つ1つていねいに立体図を想像できれば解ける問題である。正しい展開図になるのは**ア**，**ウ**，**オ**の3つである。**イ**の展開図はクラブが向かい合った面にない。**エ**は，絵のかかれた面は正しく向かい合うが，展開図において上側のハートがかかれたの面の左面と，下側のハートがかかれた面の左面が重なってしまうため，立方体にならない。**カ**は，スペードの向きが90度回転してしまうため，誤りである。

問2　箱に入れる球の個数の条件をよくはあくすることが大切である。箱に入れる20個の球の個数は♥＞♣＞♠となるようにし，それぞれの箱に入れる球の個数は1個以上10個以下であることから，考えられる球の分け方を書き出す。そうすると，(♠，♣，♥)＝(1，9，10)，(2，8，10)，(3，7，10)，(3，8，9)，(4，6，10)，(4，7，9)，(5，6，9)，(5，7，8)のようになる。**ヒントカード1**を選んだ場合，♥の球が10個のときは4通りあるので，♣の箱の個数が奇数か偶数かわかってもすべての箱の数を当てることはできない。同様に，♣の球の数が7個の場合が3通りあるため，**ヒントカード2**と**ヒントカード3**を選んだ場合も，すべての箱の個数を当てることはできない。♠の個数がわかると，♣に入る球の個数として考えられるのは2通り以下となるため，**ヒントカード4**を選ぶとすべての箱に入っている球の個数を当てることができる。

★ワンポイントアドバイス★

問題文や資料をよく読み取って，わかりやすく記述していくことが大切である。何を聞かれているのかをよく理解し，大事なポイントをおさえてまとめていくことが求められている。

＜作文解答例＞《学校からの解答例の発表はありません。》

問一　（私はレクリエーション係をつくるといいと思います。）学級の目標を達成するためには，まずクラスのみんながおたがいのことをよく知る必要があります。しかし，ふだんの学校生活では，全員とコミュニケーションをとり，全員と仲良くなることはむずかしいと思います。そこで，レクリエーション係をつくってお楽しみ会などを行うことで，いろんな人と交流する機会ができます。そして，おたがいの性格や好みを知り，より仲を深めることができると考えます。おたがいの性格がわかれば，ふだんの学校生活でも相手のことを考えた行動が自然とできるようになり，目標の達成につながると思います。

問二　ほかの係の活動がわからないという問題点の解決方法として，毎月それぞれの係がどのような活動をしたかをポスターにかいて教室のかべにはることを提案します。私は五年生のときに生き物係になり，外の庭で育てているうさぎの世話を行っていました。外で飼っていたため，生き物係ではないクラスメイトは活動内容を知りませんでした。あるとき，うさぎの世話のしかたやうさぎの性格を知りたい，という声を聞いたため，生き物係で毎月活動内容をまとめてポスターを作ることにしました。ポスターを作ったことで，生き物係の活動やうさぎに興味をもつ人が増え，今までよりもうさぎを大切に世話するようになりました。

＜作文解説＞

（国語：条件作文）

まず文章を読み，出題されたテーマにそって作文する。

問一　―線部をよく読んで文章を考える。レクリエーション係をつくることが，目標達成にどのようにつながるかを考え，その理由をわかりやすく説明することが求められている。学級の目標は「ひとりはみんなのために，みんなはひとりのために考えて行動しよう」なので，クラスのみんながおたがいのことを考えて行動できるようになるために，レクリエーション係をどのように生かすのかを考えるとよいだろう。そして，その理由をしっかり書くことが大切である。

問二　「ほかの係がどのような活動をしているのかよくわからない」という問題点に対する解決方法を解答例に示した。活動内容をクラスのみんなに知ってもらうくふうを，体験をもとにわかりやすく書けばよい。「一部の人たちだけが楽しめる活動になっていることがある」という問題点に対しては，同じような状況を経験したときのことを取り上げて，具体的な解決方法を説明する。みんなの意見を聞く，分担をしっかり決めて行う，などの解決方法が考えられる。どちらを選択した場合も，これまで経験したことを思い出し，わかりやすく説明することが大切である。

★ワンポイントアドバイス★

問題文をよく読んで，何を書くべきなのか整理してわかりやすく記述しよう。字数の指定があるため，いきなり書き始めるのではなく，ある程度文章の構成を考えてから原稿用紙に書くとよいだろう。

MEMO

大切なことはメモしておこうネ！

平成30年度

★★★★★★★★★★★★★★★★★★★★★★★★

入　試　問　題

平成30年度

福岡県立中学校・中等教育学校入試問題

【適性検査】（50分）

1　みほさんの家族が，買い物に行ったときのことです。

問１　みほさんの家族は，くつを買いに行きました。弟のけんたさんは，気に入ったくつ（図１）を見つけました。そこで，はきごこちを試《ため》すために，店員さんにお願いして，そのくつをはいて店内を歩いてみました。次の □ は，そのときの会話の一部です。

図１

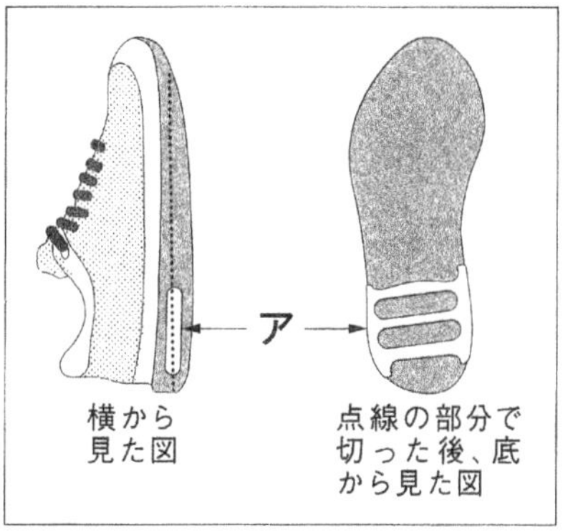

図２

けんた：「このくつをはいて歩くとはずむような感じがするなあ。」

店　員：「それは，このくつに特ちょうがあるからなんです。上の図（図２）を見てください。左側は，くつを横から見た図です。くつの底に点線がありますね。点線の部分で切った後，底から見た図が右側の図です。実は，この部分（ア）には，空気が閉じこめられています。だから，歩くとはずむような感じがするんですよ。」

けんた：「どうして，この部分（ア）に空気が閉じこめられていると，歩いたときにはずむような感じがするのかな。」

み　ほ：「それはね，□」

みほさんは，会話の中のそれはね，に続けて □ で，「歩いたときに　はずむような感じがした理由」を閉じこめられた空気の性質を使ってけんたさんに説明しています。あなたがみほさんだったら，どのように説明しますか。次の □ にかきましょう。

問２　みほさんの家族は，くつを買った後，スーパーマーケットに行き，ジュースを買うために，冷蔵《れいぞう》ショーケースに向かいました。次のページの □ は，そのときの会話の一部です。

み　　ほ：「この冷蔵ショーケース（図３）は，とびらがないから，商品を取り出しやすいね。けれど，店内は冷蔵ショーケースの中よりもあたたかいのに，どうして，あたたかい空気が入ってこないのかな。」

け ん た：「あれっ，この部分（**イ**）全体から，冷たい風が出ているよ。」

み　　ほ：「この部分（**イ**）全体から冷たい風が出ていることと冷蔵ショーケースにあたたかい空気が入りにくいこととの間には，何か関係があるのかな。」

お母さん：「暖ぼうしている部屋は，部屋の上の方があたたかくなるでしょ。このことをもとに，この部分（**イ**）全体から冷やされた空気が出ることで，冷蔵ショーケースの外のあたたかい空気が中に入りにくくなる理由を考えてごらん。」

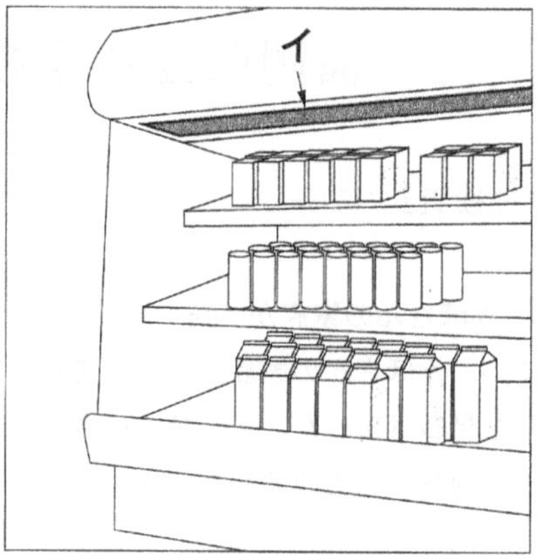

図3

みほさんは，「冷蔵ショーケースの外のあたたかい空気が中に入りにくくなる理由」をお母さんに説明しました。あなたがみほさんだったら，どのように説明しますか。あたためられた空気の性質をもとに考えた，冷やされた空気の性質を使って，下の［　　］にかきましょう。

［2］　６年生のたいちさんの学級では，総合的な学習の時間に「水の大切さと私《わたし》たちのくらし」というテーマで学習しています。　　　　（〔資料１〕，〔資料２〕は次のページにあります。）

問１　たいちさんの学級では，４年生から６年生までを対象に，節水（水をむだにしないで使う量を減らすこと）についての調査を行いました。〔資料１〕は，今年の調査結果の一部を表したグラフです。

たいちさんたちが，〔資料１〕をもとに話し合っていたところ，先生から「これ（〔資料２〕）は２年前の調査結果です。この２つの資料を比べて考えると，あなたたち今年の６年生の［節水は大切だと思う人の割合］は，２年前と比べてどう変わったと言えますか。」

と質問されました。

次のページの［　　］は，そのときの話し合いの一部です。

〔資料１〕今年の調査結果

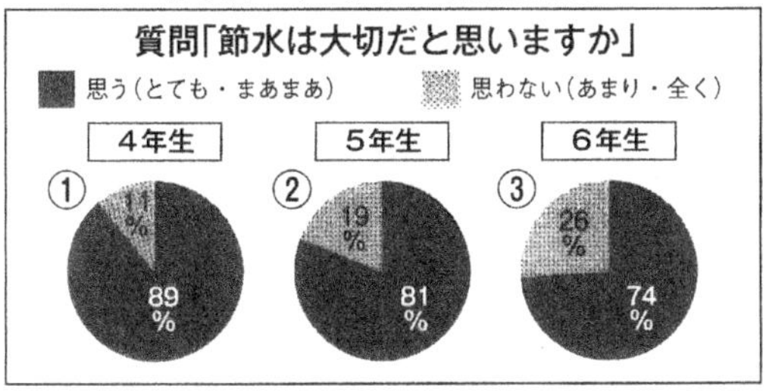
質問「節水は大切だと思いますか」
思う（とても・まあまあ）
思わない（あまり・全く）
4年生
5年生
6年生
①
11%
89%
②
19%
81%
③
26%
74%

〔資料２〕２年前の調査結果

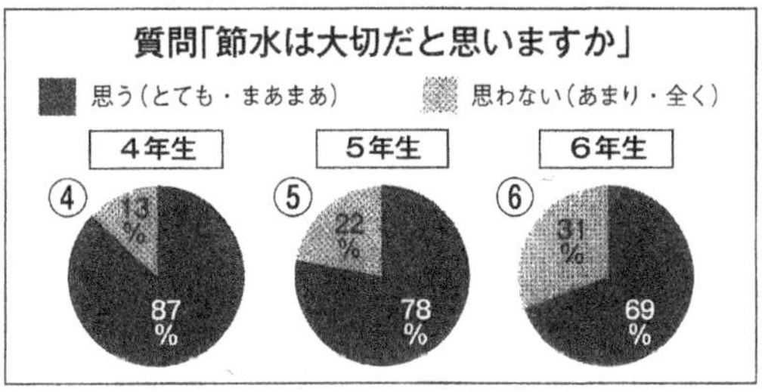
質問「節水は大切だと思いますか」
思う（とても・まあまあ）
思わない（あまり・全く）
4年生
5年生
6年生
④
13%
87%
⑤
22%
78%
⑥
31%
69%

ゆみこ：「③と⑥のグラフを比べると，今年の６年生の［節水は大切だと思う人の割合］は，２年前と比べて増えているね。」
たいち：「えっ，そうかな。ぼくは，こう考えたんだけど。**それはね，** □ 」

たいちさんは，発言の中のそれはね，に続けて □ で，ゆみこさんとはことなる組み合わせのグラフを取り上げて，今年の６年生の２年間での［節水は大切だと思う人の割合］の変化について，ゆみこさんとはことなる考えを説明しています。

あなたがたいちさんだったら，どのように説明しますか。次の □ に，説明に必要なグラフの番号を使ってかきましょう。

問２　たいちさんの学級では，学校や家庭で節水の取り組みを行った後，先生から〔資料３〕が示されました。たいちさんたちは，この資料をもとに，水の利用について，さらに話し合いました。
次の □ は，そのときの話し合いの一部です。

〔資料３〕世界全体の水利用の割合

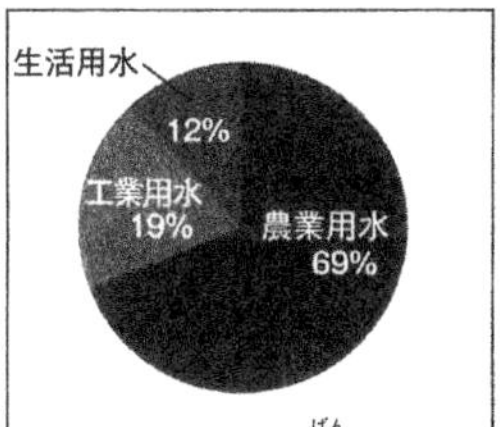
生活用水
12%
工業用水
19%
農業用水
69%

国土交通省「平成２８年版《ばん》日本の水資源の現況《げんきょう》」より作成

〔資料４〕日本の小麦の自給率

※平成２３年度から平成２７年度までの平均値

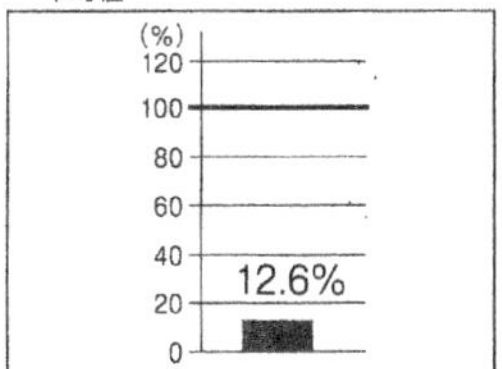
(%)
120
100
80
60
40
20
0
12.6%

農林水産省「平成２８年度食料需給《じゅきゅう》表」より作成

〔資料５〕生産するために必要だと考えられる水の量

小麦（1 kgあたり）	1150 L

「国連世界水発展報告書」より作成

たいち：「〔資料３〕を見ると，生活用水よりも農業用水の割合が高いことが分かるね。」
先　生：「そうだね。では，次に〔資料４〕と〔資料５〕を見てごらん。この２つの資料それぞれから分かることを関連づけて気づくことはないかな。」
たいち：「〔資料４〕から，日本の小麦の自給率は，低いことが分かるね。また，〔資料５〕からは，小麦の生産には，たくさんの水が必要だということが分かるね。」
ゆみこ：「その２つのことを関連づけると，小麦の生産に必要な水について，日本と外国との関係が見えてくるね。**それはね，** □ 」

ゆみこさんは，それはね，に続けて □ で，小麦の生産に必要な水について，日本と外国との関係に気づき，たいちさんに説明しています。

あなたがゆみこさんだったら，どのように説明しますか。前のページの〔資料４〕と〔資料５〕から分かることを関連づけて気づいたことを明らかにして，下の □ にかきましょう。

3　ほのかさんが所属する体育委員会では，委員会の活動について話し合いました。

問１　体育委員会では，当番活動として，ＡからＧまでの７グループをつくり，２グループが体育倉庫の片付けを担当し，１グループが一輪車の貸し出しを担当することにしました。次の □ は，そのことについての話し合いの様子です。

よしお：「当番活動初日の担当は，このようにし（図１），次の日の担当は，内側の円を時計回りに１区切り回して決めよう。２日目の担当は，こうなるね（図２）。」
ほのか：「卒業式までに当番活動をする日は，全部で172日あるけど，私たちＡグループは，体育倉庫の片付けを何回担当するのかな。内側の円を回して調べてみるね。」
よしお：「内側の円を回して全部調べなくても分かるよ。」
ほのか：「えっ，どうして分かるの。」
よしお：「それはね，□ 」

【初日の担当割】

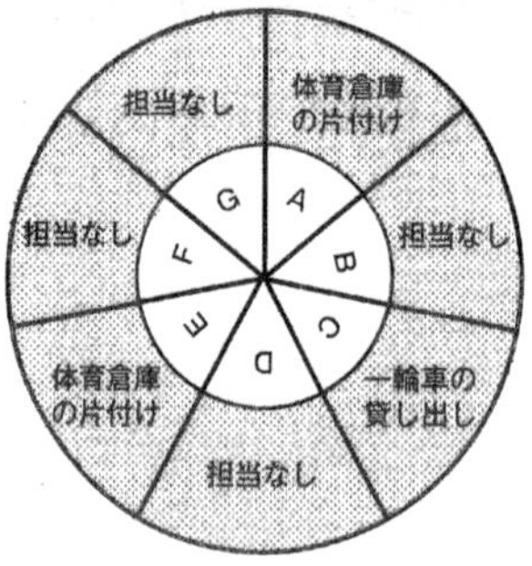

図１

【２日目の担当割】

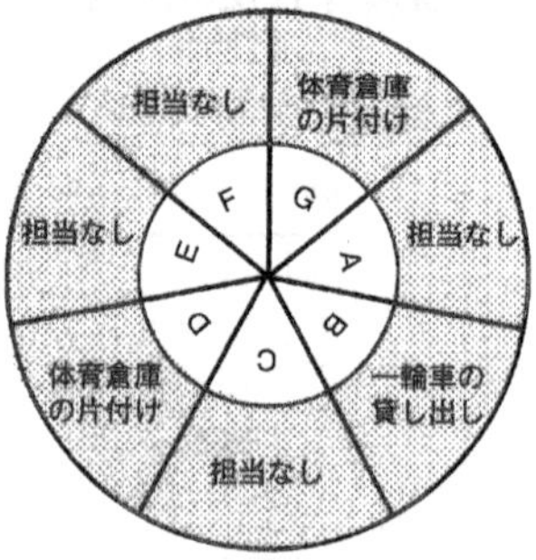

図２

よしおさんは，発言の中のそれはね，に続けて □ で，Ａグループが，卒業式までに体育倉庫の片付けを担当する回数とその求め方を言葉と式で説明しています。あなたがよしおさんだったら，どのように説明しますか。次の □ にかきましょう。

問２　ほのかさんの学校では，全校児童が仲よくなれるように，毎年，学年間の交流を行っています。今年度は，体育委員会が中心となり，昼休みに，レクリエーションをすることになりました。次の［　］は，体育委員会が立てたレクリエーションの計画です。

ア　１の１，２の１，３の１，４の１，４の２，５の１，６の１，６の２の全８学級が，昼休みに集まり，「長なわとび」と「ドッジボール」での交流を行う。

イ　毎回，図３のように，体育館に活動コーナーを３か所とる。活動コーナー①と活動コーナー②では，それぞれ２学級で「長なわとび」を，活動コーナー③では，それ以外の４学級で「ドッジボール」をし，どの活動コーナーでも必ず交流を行っているように組み合わせる。どの回も，交流を行う学級の組み合わせは，と中でかえない。

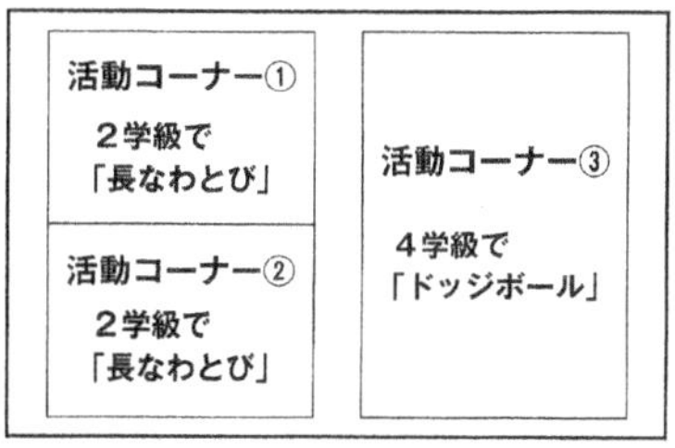

図３

ウ　「長なわとび」は，どの学級も，他の学年のすべての学級と１回ずつするが，同学年の学級とはしない。「ドッジボール」は，どの学級としてもよい。

ほのかさんは，この計画について，自分の学級の６の１が「ドッジボール」をする昼休みの回数は何回になりそうか考えてみました。あなたがほのかさんだったら，どのように考えますか。考えの根きょを明らかにしながら，下の［　］に，その求め方と回数をかきましょう。

原稿用紙

検査番号

※

問一

200

300

問二

200

300

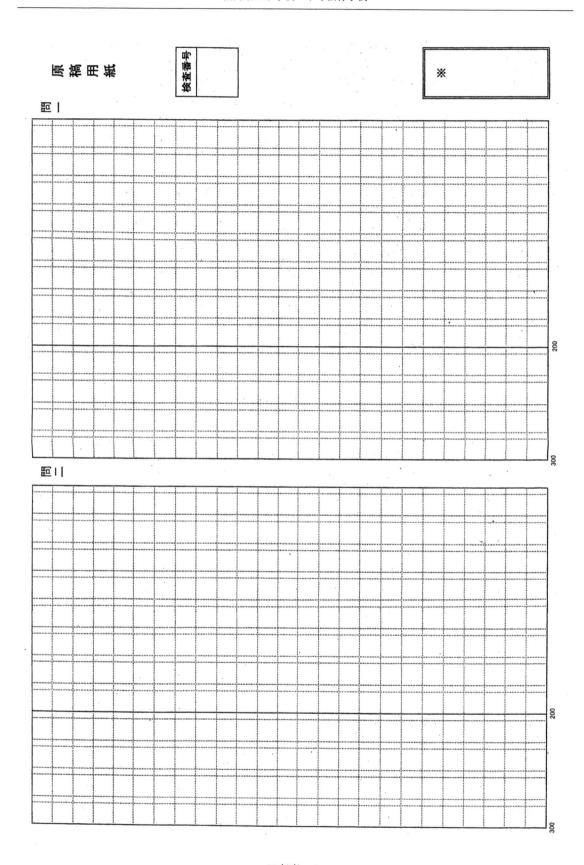

【作　文】（四〇分）

課　題　文

次の文章を読んで、あとの問いに答えなさい。

太郎《たろう》さんの学校では、児童会として環境《かんきょう》を守るための取り組みを行うことになり、どのような取り組みができるかを各学級で話し合って発表することになりました。そこで、太郎さんの学級では、社会科の授業で、環境を守るためには私たち一人一人の行動が大切だということを学んだので、みんなが参加しやすいペットボトルのリサイクル活動を進めてはどうかという意見になり、「ペットボトルのリサイクル」について調べることにしました。

太郎さんはインターネットで調べてみました。すると、「地球環境を守るためにペットボトルのリサイクルを進めましょう。」という意見や「ペットボトルのリサイクルには多くの石油を必要とするので環境破壊《はかい》につながる。」という意見など、いろいろな意見が出てきました。太郎さんが花子さんにそのことを話すと、花子さんは、「ペットボトルのリサイクルには、いろいろな意見があるのね。インターネットを使って調べたことを参考にするときには気をつけなければいけないことがありそうね。」と言いました。太郎さんはそれを聞いて、「世の中にはいろいろな考え方があるので、自分の意見を相手に分かってもらうことは大変だな。自分の意見を発表するときには、気をつけなければいけないことがありそうだな。」と思いました。数日がたち、学級での話し合いの日になりました。太郎さんたちは、調べたことを報告し合ったあと、やはりペットボトルのリサイクルをしたほうがよいという意見にまとまりました。次に、発表の内容や方法を決めることになりました。そのとき、次郎《じろう》さんが、「ぼくたちの発表を聞いて、みんなが『なるほど』と思ってくれるようにしなければいけないね。」と言いました。そこで太郎さんは、みんなを積極的にペットボトルのリサイクルに取り組む気持ちにするために、どのような発表をしたらよいかを考えてみました。

問一　――線部のように花子さんは言っていますが、あなたなら、インターネットで得た情報を参考にするとき、どのようなことに気をつけますか。情報収集手段《しゅうしゅうしゅだん》としてのインターネットの優《すぐ》れた点と問題点についてふれながら二百字から三百字で書きましょう。

問二　みんなを積極的にペットボトルのリサイクルに取り組む気持ちにするために、あなたが太郎さんだったら、どのような発表をしますか。本文の内容をふまえて、その内容や方法について、理由もふくめて具体的に二百字から三百字で書きましょう。

そのとき、次の【注意】にしたがって、原稿用紙に書きましょう。

【注意】◎　原稿用紙には、題や氏名は書かないで、本文だけを書きましょう。

◎　文章を見直すときには、次の（例）のように、付け加えたり、けずったり、書き直したりしてもかまいません。

（例）

朝の会で、（私が）司会をしているとき、友だちが~~やさしく~~意見を~~言って~~（出して）くれました。

MEMO

大切なことはメモしておこうネ！

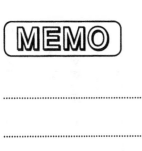

平 成 30 年 度

解 答 と 解 説

＜適性検査解答例＞《学校からの解答例の発表はありません。》

1 問1　閉じこめられた空気に外から力を加えると，その空気を押し返そうとする力がはたらくからだよ。

問2　冷たい空気はあたたかい空気よりも重いので，イから出る冷たい風が下に流れ続けて，外からあたたかい空気が入るのをふせいでいるからだよ。

2 問1　今年の6年生は2年前の調査のときに4年生だったので，同じ人たちに対して調査をしている③と④を比べると，〔節水は大切だと思う人の割合〕は減っているといえるよ。

問2　日本はたくさんの水を必要とする小麦の生産を外国に頼っていることが資料からわかるね。つまり，小麦の生産に必要な分の水についても外国に頼っていることになるよ。

3 問1　当番活動の担当は7日間で1周するから，172日間のうちに，172÷7＝24あまり4となって，24周と4日になるんだ。それに1周のうちに体育倉庫の片付けは2回あって，あまった4日のうちにも1回あるから，2×24＋1＝49(回)になるよ。

問2　まず長なわとびの組み合わせの総数を考える。1の1，2の1，3の1，5の1は自分の学級以外と交流するので7×4＝28，4の1，4の2，6の1，6の2は自分の学年以外の6学級と交流するので6×4＝24となる。同じ組み合わせも入れているので，本当はこれの半分しか交流しない。よって，(28＋24)÷2＝26(回)全体で交流する。長なわとびの活動コーナーは2か所あるので，26÷2＝13(回)で交流できる。13回のうち，6の1は6回長なわとびをするので，ドッジボールは残り13－6＝7(回)することになる。

＜適性検査解説＞

1 （理科：圧力・空気の重さ）

問1　問題文に，「閉じこめられた空気の性質」を使ってとある。会話に「歩くとはずむような感じがする」ということもあわせて考える必要がある。「はずむ」ということは，歩いたときにアの部分に力がはたらいていると考えられる。ここで，「閉じ込められた空気」には外から力をかけると反発する性質があるので，アの空気が歩くときに体重がかかることで反発するとわかる。

問2　お母さんのセリフに「暖ぼうしている部屋は，部屋の上の方があたたかくなるでしょ。」とある。ここから，あたためられた空気の性質は上にたまりやすい，すなわち軽いということが分かる。つまり，逆に冷たい空気の性質は下にたまりやすい，すなわち重いということも予想できる。よって，重い冷気を冷蔵ショーケースの上から出すことで，その冷気が下へと流れていき，外のあたたかい空気にかかわらず，ショーケース全体を冷えた状態に保つことができる。

2 （社会：資料の読みとり，水）

問1　話し合いの中で，ゆみこさんは③と⑥を見て，2年前の6年生と今の6年生を比べている。これは学年が同じだが，ちがう集団を比べていることになる。これと異なるものを比べたいなら，学年ではなく同じ集団で比べればよい。つまり今年の6年生は2年前は4年生なので，③と④を比べる。結果としては[節水は大切だと思う人の割合]は減っているといえる。

問2　会話からも資料からも，〔資料4〕では日本の小麦の自給率が低いこと，〔資料5〕では小麦を生産するのにたくさんの水が必要であることがわかる。この二つを結び付けると，日本は海外と比べると，小麦生産に対して使用する水の分量は少ないということになる。ただし，これはあくまで小麦だけの話であって，日本も他の農作物の生産のために自国で多くの水を使用していることに注意する。

重要 3　（算数：規則性）

問1　聞かれていることは，172日間で何回体育倉庫の片付けをするかである。まず当番活動が172日間のうちに何周するのかを考える。1周に7日かかるので，$172 \div 7 = 24$あまり4(周)となる。1周の中に体育倉庫の片付けは2回ありあまりの4回のうちにも体育倉庫の片付けが1回あるので，$2 \times 24 + 1 = 49$(回)片付けをすることになる。

問2　計画のうち，ウに「長なわとび」は同学年とはしないという条件が決まっているので，まず長なわとびを全学年で何回するのかを考える。1，2，3，5年生は，それぞれ1クラスしかないため，自分のクラス以外の7クラスと交流する。よって，$7 \times 4 = 28$(回)長なわとびをする。4，6年生は，それぞれ2クラスあるので，自分のクラスと同じ学年のクラス以外の6クラスと交流するので，$6 \times 4 = 24$(回)長なわとびをする。同じ組み合わせがあることを考えると，本当はこれの半分しか長なわとびをしていない。そのため長なわとびは，$(28 + 24) \div 2 = 26$(回)全学年ですることになる。このうち，長なわとびの活動コーナーは2か所あるので，$26 \div 2 = 13$(回)で全学年が交流できる。この13回のうち，6の1は6回長なわとびをし，残りがドッジボールをすることになる。よって，$13 - 6 = 7$(回)となる。

★ワンポイントアドバイス★

すべて記述問題だが，聞かれていることは基本的な内容が多い。全体をとおして，あらゆる視点を持つこと，具体的にイメージすることが必要になってくるので，基本を理解したうえで，このタイプの問題に慣れておいた方がよい。

＜作文解答例＞《学校からの解答例の発表はありません。》

問一

私は，インターネットで得られた情報をそのまま受け止めないように気を付けている。インターネットは，多くの情報を手軽に収集できる点で優れている。気になったことは，時間も手間もかけずに調べることができる。しかし，得られる情報がすべて正しいとは限らない。誰でも気軽に情報を発信することができるため，不確かなあやまった情報が出回っている可能性もある。インターネットで情報収集をするときは，誰の意見なのか，何を根拠や参考にしているかを確認しなければならない。インターネットの情報は誰もが簡単に得られると同時に，誰もが気軽に発信しているということを忘れず，正しい情報か判断する姿勢を大切にしている。

問二

発表では，ペットボトルのリサイクルにおけるメリットとデメリットをそれぞれ伝える。そのうえで，リサイクルをするメリットの方が大きいという内容にする。理由は，一つの視点からだけではなく，いろいろな視点から考えて出した意見であると知ってもらうことで，意見に説得力を持たせるためだ。発表の方法としては実演することが考えられる。ペットボトルのリサイクルのやり方を実際に見せ，簡単な作業であると実感してもらう。ペットボトルのリサイクルが簡単だと分かれば，積極的にリサイクルに取り組んでもらえるだろう。また，まちがったリサイクルのやり方を防ぐことにもつながる。

＜作文解説＞

（国語：条件作文）

　まず文章を読み，出題されたテーマにそって作文する。

問一　自分がインターネットで得た情報を参考にするとき，気をつけていることを考える。条件として，情報収集手段としてのインターネットの優れた点と問題点にふれるよう指示されている。「問題点」に対して，「自分が気をつけていること」という流れにし，文章につながりをもたせよう。

問二　「みんなが積極的にペットボトルのリサイクルに取り組む気持ちにする」ため，「太郎さんだったら」どのような発表をするか考える。条件として，発表の内容や方法，理由を書く必要がある。本文を読み，太郎さんが考えていることをふまえた文章にしよう。太郎さんは，「世の中にはいろいろな考え方がある」から，自分の意見を相手に分かってもらうにはどうしたらよいかを考えている。

★ワンポイントアドバイス★

どちらの問題も本文の内容を取り入れた意見であることが求められている。条件を整理して，書きたいことの筋道《すじみち》をたててから文章を書こう。

MEMO

大切なことはメモしておこうネ！

平成29年度

★★★★★★★★★★★★★★★★★★★★★★★

入　試　問　題

平成29年度

福岡県立中学校・中等教育学校入試問題

【適性検査】（50分）

1　さおりさんは，兄のゆうたさんと一緒《いっしょ》に，科学館に行きました。

問１　科学館の１階の「チャレンジ！自分の好きな色を花につけよう」という実験教室に行きました。そこには，**図１**のように２つの色がつけられたバラの花が展示されていました。係員さんが，「じつは，そのバラの花は，もともと白い花だったんですよ。」と教えてくれました。もとは白い花だったのに，**図２**のように花びらのそれぞれにちがう色がつけられていることに疑問をもったさおりさんは，係員さんにたずねました。

係員さんは，「学校で習ったように，色をつけた水を植物に取り入れさせると，花や葉などに色がつきます。植物のくきには，別々の水の通り道がいくつもあって，花や葉などのすみずみまで水が行きわたるようになっているからなんです。どうしたら２つの色をつけることができるでしょうか。実験のための道具や材料を準備しているので，方法を考えてやってみましょう。」と説明してくれました。

図１

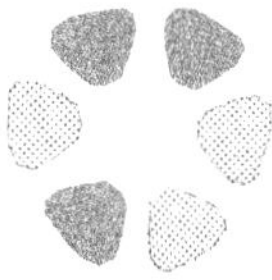

図２

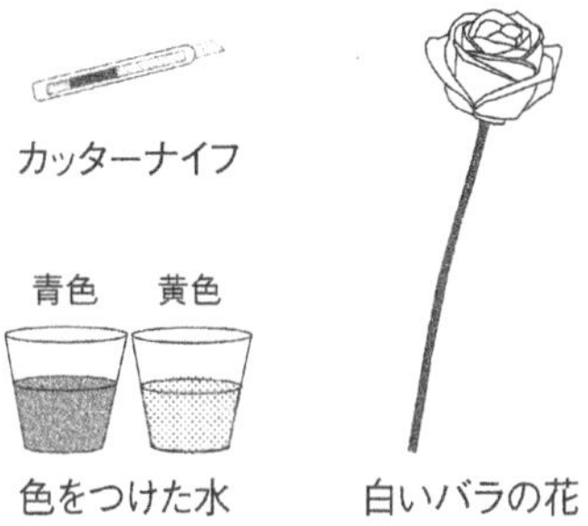
カッターナイフ
青色
黄色
色をつけた水
白いバラの花

図３

そこで，さおりさんは，1本の白いバラの花に青色と黄色の２つの色をつけることにしました。

あなたがさおりさんだったら，どのような方法で色をつけますか。**図３**の道具や材料を使って白いバラの花に２つの色をつける方法を，次の□にかきましょう。

問２　２階の工作教室では，「不思議なかざぐるま」という工作をしていました。それは，**図４**のように手に持ったつまようじの上に，うすい紙でできたかざぐるまをのせると，かざぐるまが回り出すというものでした。かざぐるまには，周りからの風をさえぎるために，底面が開いている透明《とうめい》のプラスチックでできたカップをかぶせていました。

さおりさんとゆうたさんは，この工作をすることにしました。あとの□は，そのときの会話です。

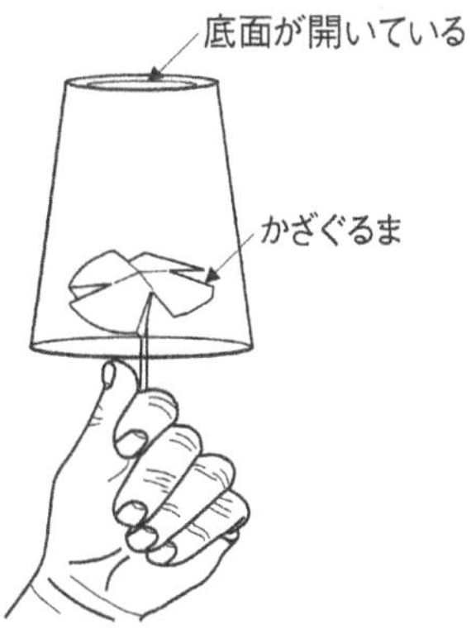
底面が開いている
かざぐるま

図４

さおり：「周りからの風がないのに，かざぐるまは，なぜ回るの。」

ゆうた：「それは，手の温度が関係しているからなんだよ。」

さおり：「そうなんだね。でも，私の工作は，カップをかぶせる（**図５**）と，回っていたかざぐるまが止まってしまったよ。」

ゆうた：「係員さんが見せてくれた工作（**図４**）をよく見てごらん。カップの底面が開いているよ。底面が開いていることで，かざぐるまは止まらずに回り続けるよ。」

さおり：「**なるほどね。**□」

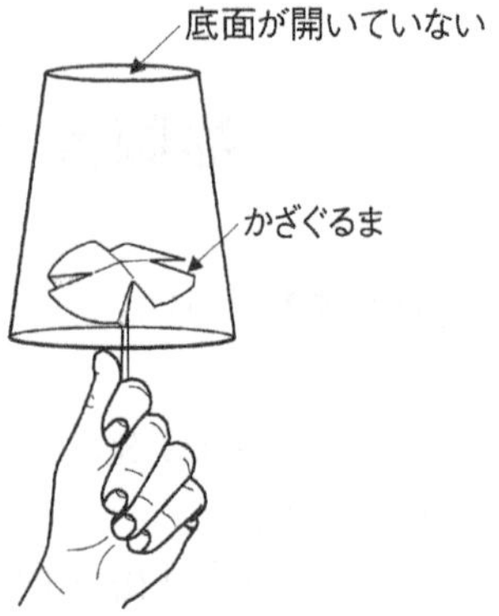
底面が開いていない
かざぐるま

図５

さおりさんは，会話の中の**なるほどね。**に続けて □ で，カップの底面が開いていることで，かざぐるまが止まらずに回り続ける理由について説明しています。

あなたがさおりさんだったら，どのように説明しますか。次の □ にかきましょう。

2 よしこさんの学級では，総合的な学習の時間に「限りある資源を大切にしよう」というテーマで環境《かんきょう》問題について学習しています。よしこさんの班は，家庭ごみについて調べることにしました。

問１　よしこさんの班は，〔資料１〕をもとに，自分たちの住んでいるＡ市の家庭から出るごみの問題について調べました。

あとの □ は，そのときのよしこさんとゆきおさんの会話です。

〔資料１〕 家庭から出されたごみの量と平成32年度の目標

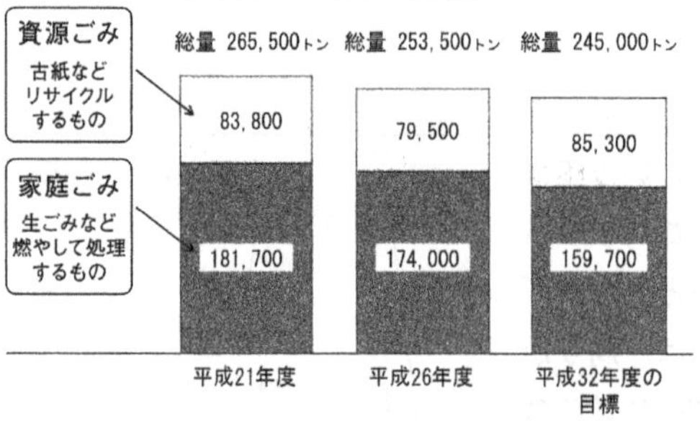
資源ごみ
古紙など リサイクル するもの
家庭ごみ
生ごみなど 燃やして処理 するもの
総量 265,500トン
総量 253,500トン
総量 245,000トン
83,800
79,500
85,300
181,700
174,000
159,700
平成21年度
平成26年度
平成32年度の目標

〔資料２〕 家庭ごみにふくまれているリサイクル可能な古紙の量

平成26年度	19,800トン

〔資料１〕・〔資料２〕ともに「平成27年度Ａ市環境局の資料」より作成

よしこ：「**〔資料１〕**の，家庭から出されたごみの総量が減少しているのは，ごみを減らす取り組みがうまくいっているということだね。でも，ごみは減らした方がいいのに，平成32年度は26年度より資源ごみを増やした目標にしているのはどうしてかな。」

ゆきお：「それには理由があると思うよ。こんなデータ（**〔資料２〕**）があったよ。」

よしこ：「**なるほど，** □ 」

よしこさんは，会話の中の**なるほど，**に続けて □ で，32年度は26年度より家庭ごみを減らしながらも資源ごみを増やした目標にしていることについて，〔資料２〕を見て考えたことをもとに説明しています。

あなたがよしこさんだったら，どのように説明しますか。次の □ にかきましょう。

問２　よしこさんは，家族と行った飲食店で，〔資料３〕に目がとまりました。そこにかかれている「食品ロス」という言葉に興味をもち調べてみると，〔資料４〕が見つかりました。食品ロスは学習のテーマと深くつながっていると考え，調べをすすめることを班の人に提案しました。

次の □ は，班での話し合いの様子です。

よしこ：「〔資料４〕を見ると，家庭でもたくさんの食品ロスがあることがわかるね。」

ゆきお：「福岡県も，県民にアピールするために〔資料３〕のステッカーを飲食店などに掲示《けいじ》しているんだね。」

よしこ：「私たちも，家庭での食品ロスを減らすために，自分たちにできることを考え，今度の学習発表会で伝えようよ。」

〔資料３〕　福岡県食品ロス削減《さくげん》県民運動のステッカー

食べもの余らせん隊
もったいなか！
余らせたら
福岡県食品ロス削減県民運動実施中

〔資料４〕　家庭での食品ロスの種類と割合

総量 312万トン（日本の年間推計）
※国民一人当たり、茶わん164はい分のごはんに相当

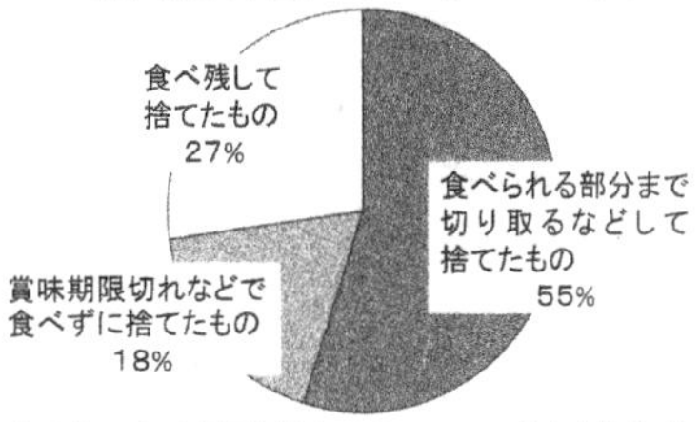
食べ残して捨てたもの 27%
食べられる部分まで切り取るなどして捨てたもの 55%
賞味期限切れなどで食べずに捨てたもの 18%

「平成27年度消費者庁のリーフレット」より作成

その後，よしこさんは，学習発表会に向けて発表原稿《げんこう》をかきました。その中で，食品ロスの問題点を主張し，その解決のために自分たちにできることを紹介《しょうかい》しています。そしてそのことから，限りある資源を大切にすることにつながる効果をかいています。

あなたがよしこさんだったら，どのような発表原稿をかきますか。社会科や家庭科などの学習や，家庭で経験したことをもとに，発表原稿を次の □ にかきましょう。

3 **みゆきさんの学級ではお楽しみ集会で，班ごとに考えたゲームを行うことになりました。そこで，みゆきさんの班は，数字をかいたカードを使ったゲームを2つ考えました。**

問1　次の□は，1つめのゲームのルールです。

ア　問題を出す班は，1から９までの整数から重なりがないように４つ選ぶ。それらの数を㋐，㋑，㋒，㋓の４枚のカードに１つずつかき，かいた数が答える班に見えないようにしておく。

イ　問題を出す班は，答える班が㋐，㋑，㋒，㋓のカードの数を当てるためのヒントを４つ考え，図１のように短冊《たんざく》にかく。

㋐と㋑のカードの数の差は 2

図1　ヒントをかいた短冊の例

ウ　答える班は，一斉《いっせい》に配られた４枚の短冊のヒントをもとに㋐，㋑，㋒，㋓のカードの数をすべて答える。最初に正解した班を勝ちとする。

次のそれぞれの□は，問題を出したみゆきさんの班が配った4枚の短冊です。

短冊A：㋐と㋑のカードの数の差は 1

短冊B：㋑と㋓のカードの数の平均は 5

短冊C：㋒は㋑のカードの数より 4 大きい

短冊D：㋐と㋓のカードの数の差は 3

次の□は，最初に正解した班のひろきさんと，みゆきさんの会話です。

みゆき：「ひろきさんの班は，ずいぶん早く正解したね。」
ひろき：「**だって，**□。そのあと，残り２枚の短冊のヒントから考えるといいよ。」

ひろきさんは，会話の中のだって，に続けて□で，初めに2枚の短冊に目をつけることで，あるカードの数が4通りに限られ，効率よく正解できたことを説明しています。

あなたがひろきさんだったら，どのように説明しますか。4枚のカードにかかれた整数とともに，次の□にかきましょう。

	㋐	㋑	㋒	㋓

問2　次の□は，2つめのゲームのルールです。

ア　１から９までの整数が１つずつかかれている９枚のカードをすべて使う。

イ　**図2**のように正三角形の３つの辺に４枚ずつカードを置き，１つの辺に置いた数の和が３つの辺ともすべて等しくなるようにする。

ウ　１つの辺に置いた数の和が最も大きい班を勝ちとする。

エ　５分の制限時間内であれば，何度やり直してもよい。

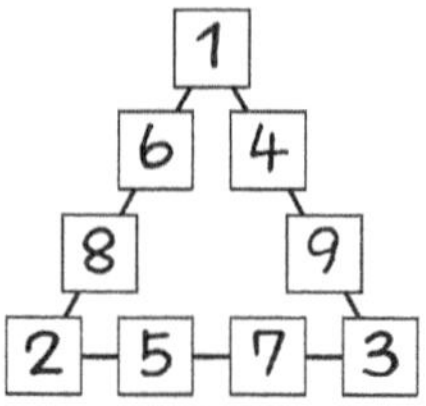

図2

次の □ は，２つめのゲームを行った後の，ひろきさんの班の会話です。

ひろき：「勝った班は，1つの辺に置いた数の和が23だったね。私たちの班は21だったからおしかったね。」

けいこ：「私はくやしくて，カードをいろいろ置いてみたけれど，何度やっても23より大きくすることは，できなかったよ。でも，その理由は計算で説明できることがわかったよ。**それはね，** □ 」

けいこさんは，会話の中の**それはね，**に続けて □ で，1つの辺に置いた数の和を23より大きくすることはできないことを，言葉と式で説明しています。

あなたがけいこさんだったら，どのように説明しますか。次の □ の中の【図】に，「1つの辺に置いた数の和が23になる場合」を１つ完成させ，【説明】に，23より大きくすることはできないことを，次の「　」の中のすべての言葉を使ってかきましょう。

「３つの頂点に置いた数　　１から９までの数の和　　１つの辺に置いた数の和」

【図】	【説明】
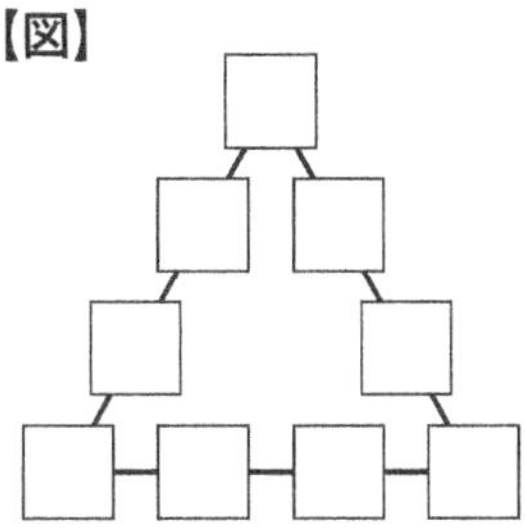	

原稿用紙

検査番号

※

問一

200

300

問二

200

300

【注意】 ◎ 原稿用紙には、題や氏名は書かないで、本文だけを書きましょう。

◎ 文章を見直すときには、次の（例）のように、付け加えたり、けずったり、書き直したりしてもかまいません。

（例）

朝の会で、私が司会をしているとき、友だちが~~やさしく~~意見を~~言って~~出してくれました。

平成二九年度

福岡県立中学校・中等教育学校入試問題

【作　文】（四〇分）

課　題　文

次の文章を読んであとの問に答えなさい。

花子さんの小学校の図書室では、毎月の本の貸し出し数を学級ごとにまとめ、「図書便り」にのせています。花子さんの学級は、最近貸し出し数が減っています。花子さんは学級の図書委員をしているので、学級のみんなにもっと本を読んでほしいと考えました。

そこで、一緒《いっしょ》に図書委員をしている太郎《たろう》さんと相談して、花子さんが学級のみんなに呼びかけることにしました。

次の日、担任の先生にお願いして、帰りの会で図書委員からの呼びかけの時間を作ってもらいました。花子さんは、どんな話をすればみんながもっと本を読んでくれるだろうかと考えました。日ごろから本をよく読んでいる花子さんは、「自分が本を読む理由」について話をしようと思いました。

花子さんは帰りの会で学級の本の貸し出し数について説明したあと、みんなに次のような話をしました。

「□」

話が終わると、自然と拍手《はくしゅ》が起こりました。みんなが一生けん命に話を聞いてくれたので、花子さんはうれしく思いました。

その日の放課後、太郎さんが話しかけてきました。

「今日の花子さんの話はとてもよかったよ。みんながたくさん本を読むようになればいいね。そのために、何か他にもできることはないかな。」

そこで、二人組を作り、毎日の帰りの会の時間に、好きな本を紹介《しょうかい》し合ってはどうかと考えました。先生に相談して、しばらくの間、やってみることにしました。相手をかえながら続けていく中で、本を借りる人が少しずつ増えてきて、一か月を過ぎたころには、学級のみんなが積極的に本を読むようになりました。

そして、学級のみんなが本を読むようになった結果、友だち関係によい変化が見られるようになりました。

問一　あなたが花子さんだったら、どのような話をして、読書をすすめようと思いますか。右の文章中の□に入る内容を二百字から三百字で書きましょう。

問二　みんなが積極的に本を読むようになった結果、友だち関係にどのようなよい変化が見られるようになったと思いますか。読書のよさにふれながら、あなたの考えを二百字から三百字で書きましょう。

そのとき、次の【注意】にしたがって、原稿用紙に書きましょう。

平成29年度

解答と解説

＜適性検査解答例＞≪学校からの解答例の発表はありません。≫

1 問1　(例)白いバラの花のくきをカッターナイフで縦《たて》に2つに割《さ》き，割いたくきの片方《かたほう》を青の色をつけた水，もう片方を黄色の色をつけた水につける。

問2　(例)カップの底面が開いていることで，手の温度で温められた空気が上ににげることができるから，下から上への空気の流れができて，かざぐるまは回り続けるんだね。

2 問1　(例)古紙のようにこれまで家庭ごみとして捨てられていたものを，資源ごみとしてリサイクルすることで，ごみを減らそうとしているんだね。

問2　(例)食べられるものを食べずに捨ててしまうと，食品という資源がむだになり，環《かん》境《きょう》に負《ふ》担《たん》をかけてしまいます。食品ロスを減らすために，私たちは，食べ残しをしない，食べきれない量の食品を買わない，食べられない部分のみを残すなどの工夫をしなければなりません。食品のむだについていつも意識することで，限りある資源を大切にする意識がめばえます。

3 問1　(例)短冊Cから(い)が5以下の数字だとわかり，短冊Bから(い)が5でないということがわかるから，(い)は1，2，3，4のどれかになるよ。

(あ) 3　(い) 4　(う) 8　(え) 6

問2　(図)右図

(説明)1つの辺に置いた数の和は，3つの頂点に置いた数の和に1から9までの数の和を足して3で割った数と等しいから，頂点に置く3つの数をできる限り大きくしたときが最大で，そのとき23になるんだよ。

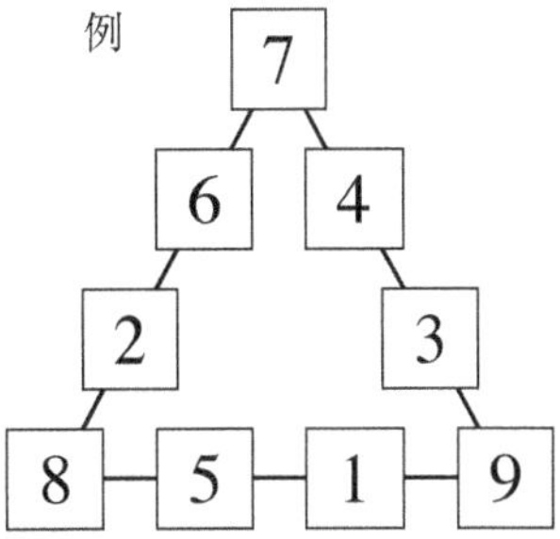

＜適性検査解説＞

1 (理科：科学体験)

問1　係員さんの説明から，色をつけた水を植物に取り入れさせることで花や葉に色がつくこと，植物のくきには複数の水の通り道があることがわかる。図3に示されている道具をどのように使えば，2つの色のついた水をそれぞれ別の通り道で花に取り入れさせることができるかを考えよう。

問2　会話文の続きを問う形式の問題であるため，実際に兄弟と話すような言葉づかいで書くことに注意する。前の会話文から，手の温度が関係してかざぐるまが回っていることが示されているのを利用しながら，まずは図4の状態でかざぐるまが回るしくみを考え，それがカップに底があることによってどう変わるのかを考えるとよい。

2 （社会：環境問題）

基本 問1 **資料2**から，平成26年度の時点で19,800トンものリサイクル可能な古紙が家庭ごみとして捨てられていることが読み取れる。ここから，古紙のようなリサイクル可能な家庭ごみを資源ごみとして処理することによって，全体でごみを減らすことにつながることを考える。質問の形式にそった言葉づかいで記述することに注意する。

問2 学習発表会の発表原稿《げんこう》であるため，それに適した言葉をつかう。問題文から，「食品ロスの問題点」「（食品ロスの）解決のために自分たちにできること」「（解決のために自分たちにできることから）限りある資源《しげん》を大切にすることにつながる効果」を求められていることをきちんと読み取る。解決のために自分たちにできることは，**資料4**の食品ロスの種類から考えることもできる。

3 （算数：数字を使ったゲーム）

問1 ひろきさんの会話文にあてはまるように，友達と話すような言葉づかいで書く。はじめは数の大小関係が分かりやすいものや，具体的に数をしぼり込める条件に目をつけるとよい。(い)のカードがしぼられたら，短冊《たんざく》A，短冊Dの順にヒントを考えてあてはめていけばよい。なお，実際には，短冊BとCで4通りの数字を導いたのちにあらためてそれらの数字を確かめてみると，(い)が3のとき，(う)は7，(え)も7になってしまうためあてはまらない。よってはじめの2枚の短冊のヒントで3通りまでしぼり込むことが可能である。

問2 問1と同じく，友達に説明するときの言葉づかいで書く。「1から9までの数の和」が語群にあることから，三角形の辺を1本ずつ足していったときと，使われている数字を1回ずつ足すときのちがいを考えることで説明することを予想する。

図では，3つの頂点をうめた後，残りの辺のそれぞれの和と，残りの数字を見比べ，条件にあう数字の組を見つける。

★ワンポイントアドバイス★

理科・社会・算数をテーマにしながら，全ての大問で記述力を求められる。まずは何を問われているのかをきちんと読み取り，次にどのように伝えればわかりやすいのかを考えて書こう。書き終わった後は，もう一度読み直して不自然なところがないかを確認《かくにん》するのを忘れずに。

＜作文問題解答例＞ ≪学校からの解答例の発表はありません。≫

問一

私は本を読むことが大好きです。なぜなら，本はふだんの生活では経験することのできないようないろいろなことを教えてくれるからです。本を読んでいるとき，私は自分ではできないことをやっているような気持ちや，行ったことのない場所に行ったような気持ちになることができます。たとえば，船に乗って旅をする物語を読むと，自分も物語の登場人物と一緒《いっしょ》に船に乗って世界中をぼうけんしているような気持ちになれます。様々な本を読むということは，つまり，たくさんの経験を積むということです。みなさんもたくさんの本を読んで，いろいろな体験をしてみてください。きっと，その楽しさに気づくことができるはずです。

問二

みんなが本を読むと，お互いに本の感想を伝え合うことができます。読書のよさは，同じ本でも感想は人それぞれだということです。自分と友達では，面白いと思った場面はちがうかもしれません。しかし，その感想を共有することで，お互いに知らなかった相手の一面が見られて，より二人の仲を深めることにつながります。

また，本を読むことで，他の人の気持ちを考える練習ができます。本を通して，自分以外の人の気持ちを目にすることができるからです。読書をすることで，友達と話すとき，何を言われたらうれしいか，いやかということを想像しやすくなり，気持ちのすれちがいを減らすことができるようになると思います。

＜作文問題解説＞

（国語：条件作文）

まず文章を読み，出題されたテーマにそって作文する。

問一は，花子さんが話しているように書く必要があるので，ふさわしい文体になるよう注意する。クラスの友だちに読書をすすめることが目的なので，どのように話せば読書に関心をもってもらえるかを考える。具体的には，読書のよさや，自分が読書に対しなぜよい印象を持っているのかなどを考えるとよい。

問二は，みんなが本を読むことで友だち関係に見られたよい変化について考える。好きな文体で書いて構わないが，最初から最後まで統一した書き方で書くこと。問題文に「読書のよさにふれながら」とあるので，読書のよさをまず考え，それが友だち関係にどんな変化を与えるのかを考えよう。

★ワンポイントアドバイス★

どちらの問題も読書のよさについて考えることが求められている。問一と問二で書くことがまざってしまわないよう，いきなり作文用紙に書き始めるのではなく，書きたいことの筋道《すじみち》をたてて，整理してから書こう。

MEMO

大切なことはメモしておこうネ！

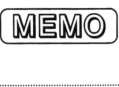

データ対応

収録から外れてしまった年度の
解答解説・解答用紙を弊社ホームページで公開しております。
巻頭ページ＜収録内容＞下方のQRコードからアクセス可。

※都合によりホームページでの公開ができない問題については，
　次ページ以降に収録しております。

平成28年度

福岡県立中学校・中等教育学校入試問題

【適性検査】（50分）

1　ゆきさんと姉のようこさんは，冬の寒い日に家の掃除《そうじ》をすることにしました。

問1　ゆきさんは，ようこさんといっしょに，テーブルの真上にある**図1**のような照明器具のかさ（光を通さない素材でできていて内側が**白色**）を掃除するために，**図2**のようにかさを外しました。

ゆきさんが掃除を終えて，外していたかさをつけてスイッチを入れてみると，かさを外してスイッチを入れていたときと比べて，テーブルの**表面**が明るくなったように感じました。そこで，そのことをようこさんにたずねてみました。次の□は，そのときの会話の一部です。

ゆ　き：「かさをつけてスイッチを入れたら，かさを外してスイッチを入れていたときよりも，テーブルの表面が明るくなった感じがするね。どうしてかな。」

ようこ：「そうだね。かさをつけたときと，かさを外したときとの光の進み方を比べて考えてごらん。」

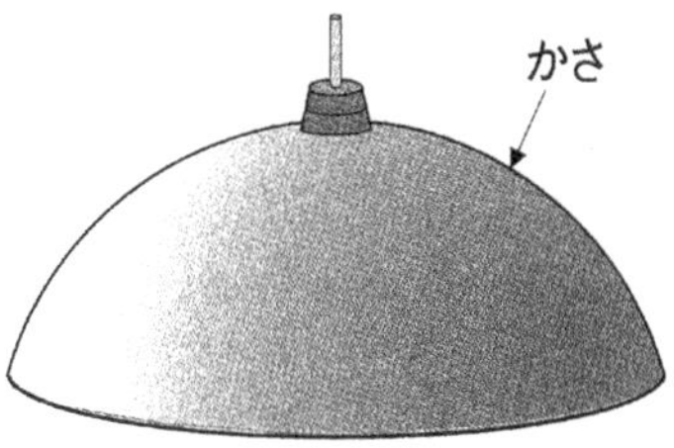

図1

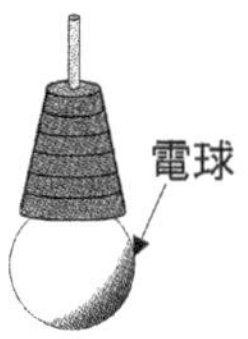

図2

ゆきさんは，テーブルの表面が明るくなった理由を，**図**をかきながら説明しました。あなたがゆきさんだったら，どのような図をかきますか。また，どのように説明しますか。

かさをつけてスイッチを入れたときの光の進み方を，次の□の**【かさをつけたときの光の進み方】**に，**図3**にならって⟶でかきましょう。また，かさを外してスイッチを入れていたときに比べて，外していたかさをつけてスイッチを入れたときの方がテーブルの表面が明るくなった理由を，次の□の**【説明】**に，言葉でかきましょう。

【かさを外したときの光の進み方】

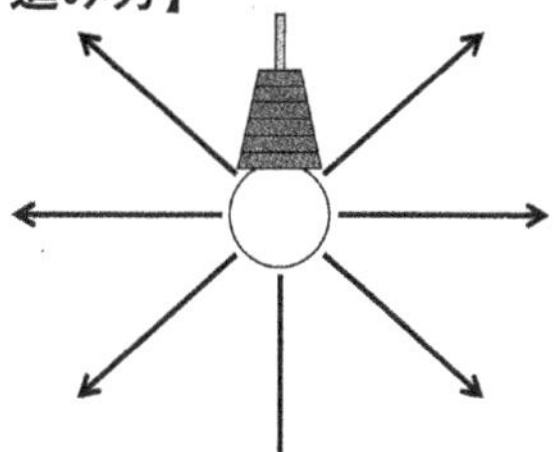

図3

【かさをつけたときの光の進み方】

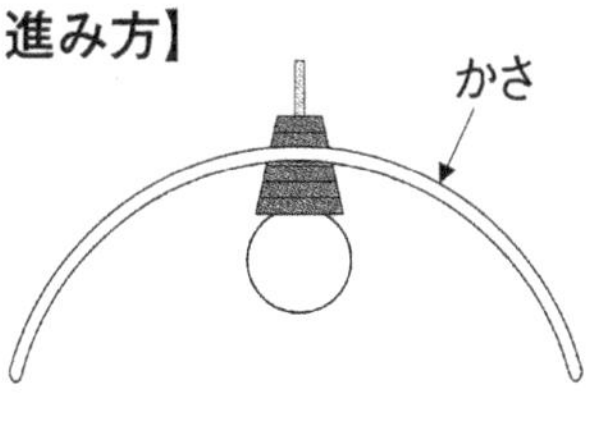

【説明】

問２　照明器具の掃除を終えた後，ゆきさんは，家の中から窓のガラスふきをしました。そのとき，同じ部屋の中に，ガラスに水のつぶがついている窓と，水のつぶがほとんどついていない窓がありました。そのことに疑問をもったゆきさんは，ようこさんにたずねました。

ようこさんは，〔**資料**〕を見せながら，「窓の構造がちがうんだよ。１枚のガラスでできている窓と，外側のガラスと内側のガラスの２枚のガラスでできている窓があるんだよ。今日のように家の外の空気が冷たくても，水のつぶがほとんどついていない窓は，２枚のガラスでできている窓なんだ。ガラスの温度と，家の中の空気にふくまれる水蒸気との関係を考えてごらん。」と教えてくれました。

〔資料〕窓の構造

【1枚のガラスでできている窓】

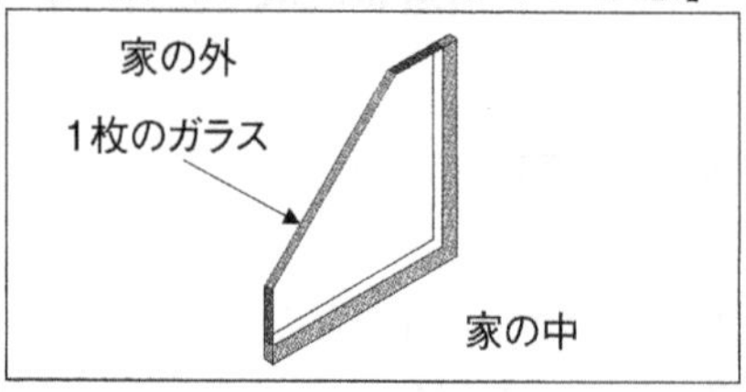

【2枚のガラスでできている窓】

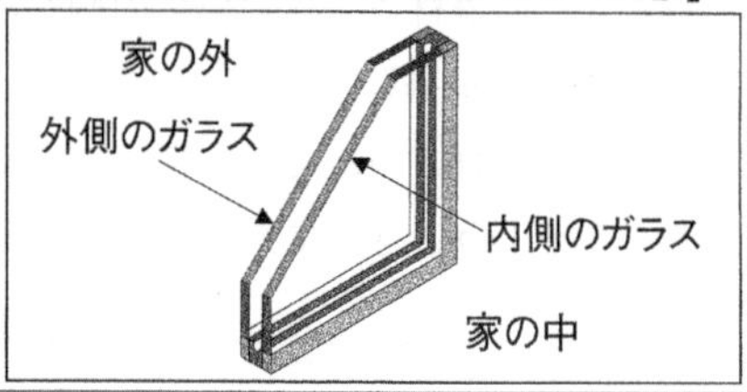

２枚のガラスでできている窓は，１枚のガラスでできている窓に比べて，ガラスに水のつぶがつきにくい理由を，次の「　」の中のすべての言葉を必ず使って，下の□にかきましょう。

「　内側のガラス　　家の外の空気　　空気にふくまれる水蒸気　」

2　たろうさんとれいこさんが所属する保健委員会では「健康的な生活づくり」についての取り組みで，睡眠《すいみん》の大切さについて発表することにしました。

問１　保健委員会では，睡眠時間と一日を元気に過ごせていることとは関係があると考え，次の〔**アンケート**〕を行うことにしました。そこで，たろうさんは委員会の話し合いで〔**アンケート**〕の数値を集約するために次の〔**表のわく**〕を使うことを提案しました。

〔アンケート〕

次の質問について，できていれば○を，できていなければ×を（　）にかきましょう。

１　睡眠時間を８時間以上とっている　（　　）

２　一日を元気に過ごせている　　　　（　　）

〔表のわく〕

	○	×	計
睡眠時間を8時間以上とっている			
一日を元気に過ごせている			

次の □ は，そのときの話し合いの一部です。

たろう：「この**〔表のわく〕**を使って，**〔アンケート〕**の数値を集約しようよ。」
れいこ：「でも，この〔表のわく〕だと，睡眠時間を8時間以上とっていることと一日を元気に過ごせていることとの関係は分からないね。関係が分かるように集約するには，〔表のわく〕をつくり変えた方がいいと思うわ。」

あなたがれいこさんだったら，**〔アンケート〕**の数値を集約するためにどのような**〔表のわく〕**につくり変えますか。**〔表のわく〕**を次の □ にかきましょう。

問2　保健委員会では，**〔アンケート〕**を行い，結果をまとめました。すると，睡眠時間を8時間以上とっている人の多くが，一日を元気に過ごせており，睡眠時間を8時間以上とっていない人の多くが，一日を元気に過ごせていないことが分かりました。

一方で，睡眠時間を8時間以上とっている人の中でも，一日を元気に過ごせていない人がいることが分かりました。このことから，保健委員会では睡眠時間の長さである睡眠の量だけでなく，ぐっすり眠《ねむ》るという睡眠の質も，一日を元気に過ごせていることと関係があると考え，睡眠の量についての発表と睡眠の質についての発表をすることにしました。れいこさんは，「睡眠の質を高める」ことをテーマにして発表することになりました。

そこで，れいこさんは，以前，学校の図書室にあった資料で睡眠について調べた内容をかいた次の**【ノート】**を見せながら，先生に発表原稿《げんこう》のまとめ方を相談したところ，次の**【アドバイス】**を受けました。

【ノート】

(1)　一日を元気に過ごせるようにするためには，ぐっすり眠るという睡眠の質が大切である。
(2)　寝《ね》る直前に携帯《けいたい》型ゲームをすると，早く寝つけない。
(3)　適度に運動することを習慣にすると，早く寝つける。
(4)　睡眠時間の不足は，体調をくずすことにつながる。
(5)　早く寝つけると，ぐっすり眠ることができる。
(6)　休日にまとめて睡眠時間をとっても，平日の睡眠時間の不足は補えない。

【アドバイス】

・　**【ノート】**の(1)～(6)の内容の中から，「睡眠の質を高める」というテーマにそった内容を選ぶこと
・　選んだ内容について，それらの関係が分かるように整理してかくこと

この後，れいこさんは先生からの【アドバイス】をもとに，発表原稿を作成しました。あなたがれいこさんだったら，どのような発表原稿を作成しますか。次の □ にかきましょう。

3 6年生のとおるさんが所属する環境《かんきょう》委員会では「花いっぱいの学校にしよう。」というめあてを決め，花を植えたり学校の植物の世話をしたりする活動に取り組むことにしました。

問1 委員長のとおるさんは，34人の環境委員全員で分担して仕事をするために，副委員長のちづるさんとグループの分け方について話し合いました。次の □ は，そのときの会話の一部です。

とおる：「パンジーの花植えなど全部で16の仕事があるね。」
ちづる：「16の仕事を全員で分担して行うために，34人を4人グループと5人グループに分けましょう。そして，各グループが担当する仕事の数が同じになるようにするといいわね。」

その後，とおるさんは，ちづるさんの提案に合わせて4人グループの数と5人グループの数を決めました。とおるさんが決めた4人グループの数と5人グループの数を，次のそれぞれの □ にかきましょう。

4人グループの数		5人グループの数	

問2 パンジーの花を植える担当になったけんじさんとゆうこさんのグループは，4つのプランターを図のように並べたものを10組つくって，パンジーの花を植えることにしました。

次の □ は，そのときの会話の一部です。

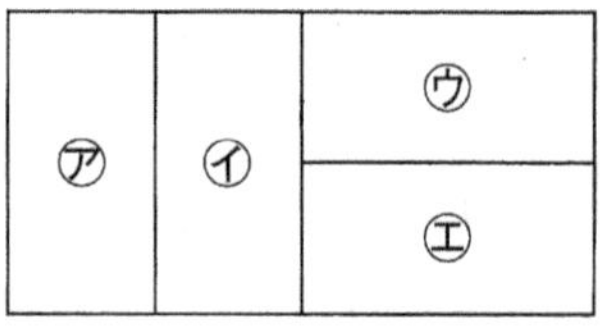

図

けんじ：「まず，プランターを図の㋐~㋓のように並べるよ。そして，1つのプランターに植える花の色は1種類に決めて，となり合うプランターの花の色が同じにならないように植えようよ。」
ゆうこ：「それなら，㋐~㋓の花の色の並び方が，10組すべてちがったものになるようにしましょう。」
けんじ：「それはいいね。パンジーの花は，赤色，黄色，桃色《ももいろ》の3種類が準備できるけれど，花の色の並び方が全部で何通りあるかが分かれば，10組すべてちがったものにできるかどうか確かめられるね。」

そこで，ゆうこさんは，となり合うプランターの花の色が同じにならないように植えた場合，㋐~㋓の花の色の並び方が全部で何通りあるかを，順序よく整理しながらけんじさんに説明しました。

あなたがゆうこさんだったら，どのように説明しますか。次のページの □ にかきましょう。

問3　とおるさんは，花だんの「落ち葉集め」と「水やり」の仕事を担当しています。いつもは，同じグループの４年生２人，５年生２人と協力して仕事をしています。明日，とおるさんは，代表委員会に出席するため，途中《とちゅう》までしか仕事をすることができません。そこで，落ち葉集めと水やりがどちらもちょうど20分で終わるような仕事の進め方を考えました。下の□は，とおるさんが考えた，仕事の進め方の一部です。

ア　５人で同時に仕事を始め，とおるさんは途中まで落ち葉集めを行う。
イ　４年生２人が落ち葉集めから始め，５年生２人は水やりから始める。４年生と５年生は途中で仕事を交代する。

４年生２人だけで仕事を行うときにかかる時間は，落ち葉集めが36分，水やりが24分です。
５年生２人だけで仕事を行うときにかかる時間は，落ち葉集めが24分，水やりが18分です。
とおるさんだけで仕事を行うときにかかる時間は，落ち葉集めが45分，水やりが30分です。
落ち葉集めと水やりがどちらもちょうど20分で終わるようにするために，５人が同時に仕事を始めてから何分後に４年生２人と５年生２人は仕事を交代すればよいですか。また，とおるさんは，落ち葉集めを何分行えばよいですか。４年生２人と５年生２人が仕事を交代する時間を，下の□の①に，とおるさんが落ち葉集めを行う時間を，下の□の②に，それぞれかきましょう。

①　　　　分後	②　　　　分

原稿用紙

検査番号	

※

100

200

300

400

500

600

平成二八年度

福岡県立中学校・中等教育学校入試問題

【作　文】（四〇分）

次の文章を読んであとの問に答えなさい。

課題文

　山田さんの学校では、十一月に文化発表会を行っています。文化発表会では六年生の各クラスが音楽や劇などの発表をします。六年生の山田さんのクラスでは、話し合いで、リコーダーの二部合奏をすることになりました。

　発表会が近くなってきたある日の練習で、先生が言いました。

「これまでに曲を選び、高音パート、低音パートのメンバーを決めました。そして、前の時間は個人で練習しましたね。そこで、今日は少人数のグループで全員の音がぴったり合うように、協力して練習しましょう。」

そして、先生はそれぞれのパートを六人ずつの三グループに分けて、

「この時間の終わりにグループごとに吹《ふ》いてもらいます。グループの練習時間は三十分です。この時間で各グループの音が合えば、次の練習の時間は、パートごとの音合わせに進めますね。それでは、リーダーを決めてから練習を始めてください。」

と言いました。

　山田さんは、あるグループのリーダーになりました。みんなに、

「最初の十分間は、個人で練習しよう。その後、グループ全員で音を合わせよう。」

と言って練習を始めました。

　個人練習が終わりに近づき、山田さんのグループでは、すでにすらすらと吹けるようになっている人もいれば、なかなかうまく吹けない人もいます。

　そのとき、ふと気づくと、同じグループで練習していた木村さんは練習をやめていました。

問　あなたが山田さんだったら、木村さんに何と声をかけようと考えますか。また、グループ全員の音がぴったり合うようにするために、残りの練習をどのように、進めようと考えますか。それぞれの理由もふくめて、四百字から六百字で書きましょう。

そのとき、次の【注意】にしたがって、原稿用紙に書きましょう。

【注意】

◎　原稿用紙には、題や氏名は書かないで、本文だけを書きましょう。

◎　文章を見直すときには、次の（例）のように、付け加えたり、けずったり、書き直したりしてもかまいません。

（例）

朝の会で、（私が）司会をしているとき、友だちが~~やさしく~~意見を~~書いて~~（出して）くれました。

平成27年度

福岡県立中学校・中等教育学校入試問題

【適性検査】（50分）

1　ゆかさんは，冬休みに家族で時計博物館に行きました。

問１　はじめに，時計の展示コーナーを見学したゆかさんは，図１のようなふりこ時計を見つけました。この時計は，ふりこの動きを利用して針を正確に進める仕組みになっていました。ふりこの動く様子を見ていたゆかさんは，図２のように，ふりこのおもりの下にねじが付いていることに気づきました。疑問をもったゆかさんは，ねじが付いている理由を係員さんにたずねました。

図１

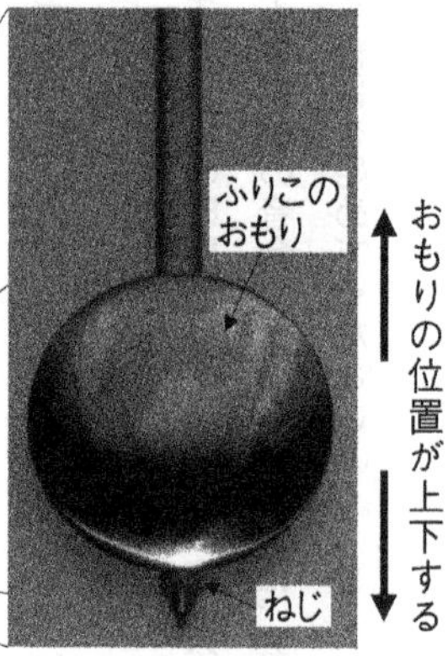

図２

係員さんは，「ねじは，おもりの位置を上下させるために付いています。ねじを回しておもりの位置を上下させることで，ふりこの１往復する時間を調整しています。ふりこが金属でできている時計は，ねじで調整しないと，季節によって針が速く進みすぎたり，おくれたりするのですよ。」と教えてくれました。

ふりこが金属でできていると，季節によって針が速く進みすぎたり，おくれたりする理由を，次の「　」の中のすべての言葉を必ず使って，次の □ に書きましょう。

「金属　ふりこの１往復する時間」

問２　展示コーナーの見学を終えたゆかさんと弟のさとしさんは，子供体験コーナーに行きました。そこには，ガラスでできた大きな砂時計が展示されていました。係員さんから「くびれているところの下の部分に，手のひらを当ててごらん。」と言われたさとしさんが，図３のように手のひらを当てると，上から下に落ちる砂時計の砂の流れが，いっしゅんピタッと止まりました。おどろいたゆかさんとさとしさんは，砂の流れが止まる理由を係員さんに教えてもらいました。

しかし，そのときの説明では，十分《じゅうぶん》に理解できなかったさとしさんは，家に帰った後，砂時計の砂の流れが止まる理由をゆかさんにたずねました。そこで，ゆかさんは，図４のように，ガラスびんの上に水でぬらした１円玉をのせて，ガラスびんを手のひらでにぎる実験を

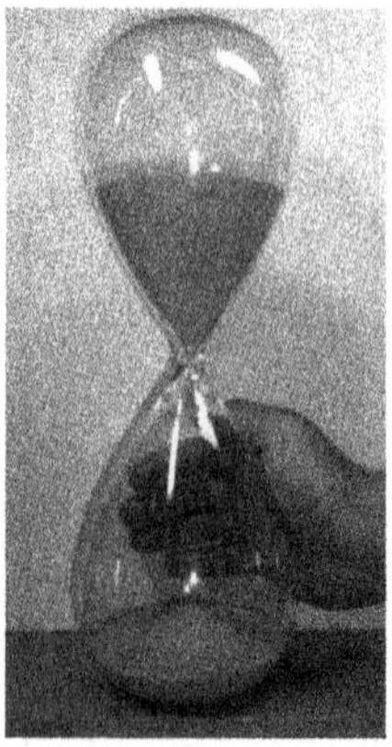

図３

してみせました。そして，まず，実験で起こったこととそうなる原因を説明しました。次に，そのことと関係づけて砂時計の砂の流れが止まる理由を説明しました。あなたがゆかさんだったら，どのように説明しますか。下の□に書きましょう。

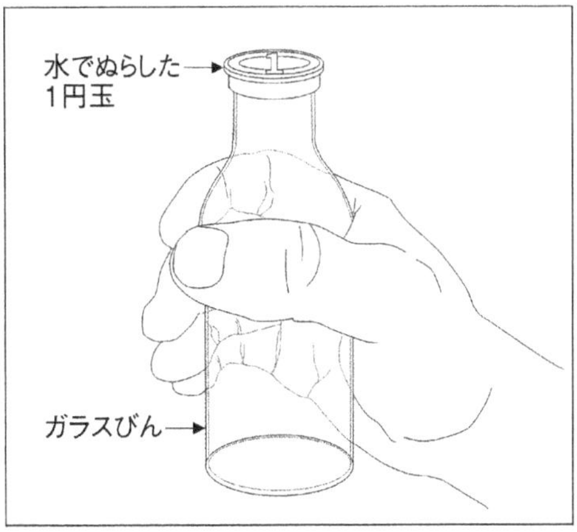

図4

2　そうたさんたちの通う学校では，毎年行う秋祭りに，今年は地域《ちいき》の方々を招待することにしました。

見るだけでなく，参加して自分たちと一緒《いっしょ》に楽しんでほしい，という願いから，「地域の方々も一緒に歌ったり，踊《おど》ったり，遊んだりして，みんなで楽しめる秋祭りをしよう。」というめあてを決めました。

〔資料１〕去年の秋祭りの内容

1　音楽発表
・各学年で選んだ歌を学年ごとに合唱する。

2　全校ダンス
・全校にアンケートをとって１位になった曲を全校で踊る。

3　お店屋さんコーナー
・各学級でお店を出し，上学年と下学年が一緒に見て回る。

問１　実行委員のそうたさんとはなえさんは，めあてにそって〔資料１〕の去年の秋祭りの内容を見直すために話し合いました。

次の□は，そのときの話合いの一部です。

そうた：「去年の秋祭りの内容のままでもいいと思うよ。なぜかと言うと，去年も全校のみんなで楽しめたからね。」

はなえ：「確かにみんなで楽しめたけれど，そうたさんの理由には納得《なっとく》できないな。**それはね，**［①］。しかも，去年の秋祭りの内容のままでは，今年のめあてにそっていないよ。**だって，**［②］。」

はなえさんは，発言の中の**それはね，**に続けて［①］で，「そうたさんの理由に納得できないわけ」を説明しています。また，**だって，**に続けて［②］で，「去年の秋祭りの内容が今年のめあてにそっていないと思ったわけ」を説明しています。あなたがはなえさんだったら，この２つのことをどのように説明しますか。次のページのそれぞれの□に書きましょう。

①	
②	

問２　めあてにそって，秋祭りの内容を見直したそうたさんとはなえさんは，秋祭りのことを地域の方々に知らせるために〔**資料２**〕のポスターの下がきをしました。

下がきを終えて，さらによいものに改善《かいぜん》したい，と考えたそうたさんたちは，参考になる資料を探《さが》し，〔**資料３**〕の福岡県《ふくおかけん》の観光ポスターを見つけました。そして，どのように改善するかについて話し合いました。

次の□は，そのときの話合いの一部です。

〔資料２〕
ポスターの下がき

〔資料３〕
福岡県の観光ポスター

そうた：「〔**資料３**〕のポスターをくださった福岡県庁の方は，『福岡県はどこからでも楽しめる，ということと，そのための観光名所や特産物がたくさんある，ということをこのポスターを見た人に強く印象づけたい，と考えてポスターを作りました。』とおっしゃっていたよ。」

はなえ：「その考えは，私たちの考えと同じね。〔**資料３**〕のポスターのよさを，秋祭りのポスターに取り入れて，地域の方々も参加して一緒に楽しんでほしい，ということと，地域の方々も楽しめる内容がたくさんある，ということを強く印象づけるようなポスターに作り直そうよ。」

この話合いの後，そうたさんたちは〔**資料３**〕のポスターのよさを，〔**資料２**〕のポスターの下がきに取り入れて，2つのことを改善しました。あなたがそうたさんたちだったら，〔**資料２**〕のポスターの下がきをどのように改善しますか。次のページの□に１つずつ書きましょう。

ただし，「改善する目的」と「改善すること」がわかるように，「～するために，～する。」というような文で書きましょう。

3　ひろしさんの学級では，土曜授業で保護者とドッジボール大会を行うことになりました。ひろしさんたち計画委員が担任の先生と話し合って決めたきまりは次の［　］のとおりです。

ア　チームは大人と子供の混合でA，B，C，D，Eの5チームをつくり，右の図のように外野は大人3人，内野は大人も子供も6人ずつで試合を始める。

イ　試合は，5チームの総当たり戦（全部で10試合）を行い，2つのコートを使って2試合同時に進める。

ウ　大人は1回当てられると外野に出る。子供は2回当てられると外野に出る。

エ　外野の人は内野の人にボールを1回当てると，内野に入ることができる。

オ　勝敗は内野に残った人数が多いチームを勝ちとする。順位はチームが得た勝ち点の合計点で決める。（勝ち点：試合に勝てば2点，引き分ければ1点，負ければ0点）

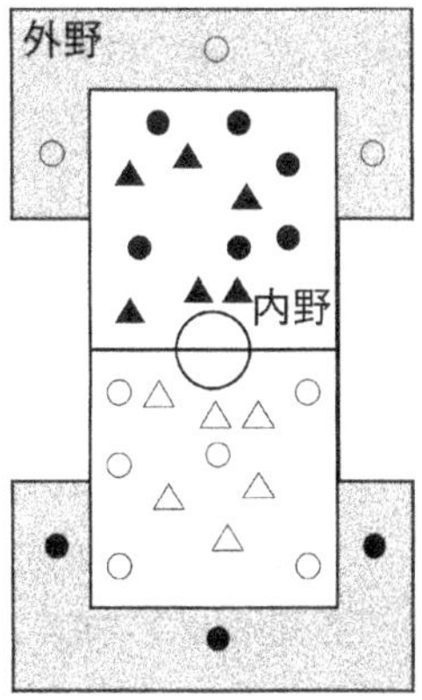

●、○…大人、▲、△…子供

図

カ　1試合当たりの時間はすべて同じにし，最初の試合を始めてから最後の試合を終えるまでの時間は80分間とする。

キ　試合と試合の間に休憩《きゅうけい》の時間を必ずもうけ，休憩の時間はすべて同じにする。

ク　1試合当たりの時間と休憩の時間は分単位（ちょうど□分間）となるようにする。

問1　ひろしさんは，担任の先生と話し合って決めたきまりにそって，1試合当たりの時間が最も長くなるように考えました。あなたがひろしさんだったら，どのように1試合当たりの時間を考えますか。その考え方と1試合当たりの時間を，次の「　」の中のすべての言葉を必ず使って，次の［　］に書きましょう。

「休憩の時間　　1つのコートで行われる試合の数」

問2　ドッジボール大会で，総当たり戦の10試合すべてが終わり，記録係のたけしさんは，右の表に各チームの勝ち点の合計点を書いていました。すると，右のようにたけしさんがDチームまで書き終えたところで，ゆうこさんが「Eチームの試合の結果が分からなくても，表からEチームの勝ち点の合計点を求めることができるよ。」と言い，すぐにEチームの勝ち点の合計点を言い当てました。あなたがゆうこさんだったら，Eチームの勝ち点の合計点をどのよ

表

チーム	A	B	C	D	E
勝ち点の合計点	6	1	2	6	

うに求めますか。その求め方とＥチームの勝ち点の合計点を，次の □ にそれぞれ書きましょう。

求め方	

勝ち点の合計点
点

問３　勝ち点の合計点を表に整理したところ，ＡチームとＤチームは勝ち点の合計点が並びました。そこで，きまりの「エ」を，下の ┆┆ のように変えて決勝戦を行いました。

> 外野の人は内野の人にボールを当てても，内野に入ることはできない。（はじめに外野にいた人も同じ）

その結果，Ａチームの内野には大人が２人，子供が２人残りました。ボールを当てられた回数は，Ｄチームの方が１回多いのに，内野には５人が残ったので，Ｄチームが優勝しました。

このような結果になるすべての場合から，Ｄチームの内野に残った人数とボールを当てられた回数について，2つの場合を選び，下の □ に書きましょう。

内野に残った人数	ボールを当てられた回数
大人　　人、子供　　人	大人　　回、子供　　回

内野に残った人数	ボールを当てられた回数
大人　　人、子供　　人	大人　　回、子供　　回

原稿用紙

検査番号	

※

問一

100

200

300

県立輝翔館中等教育学校

問二

100

200

300

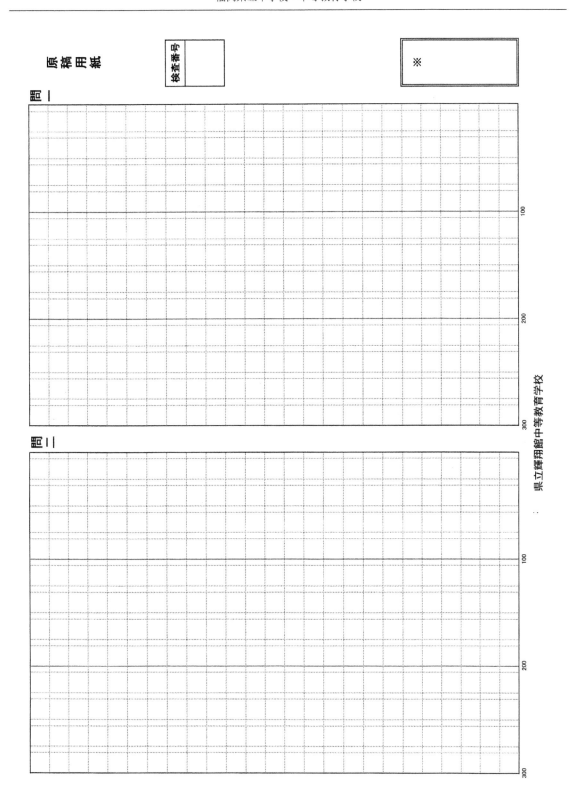

平成二七年度

県立輝翔館中等教育学校入試問題

【作　文】（四〇分）

課　題　文

次の文章を読んで、あとの問いに答えなさい。

> わたしが歩道橋をわたろうとしたときのことです。階段の上のほうから、おじいさんとおばあさんがふたりで降りて来られました。おばあさんはしっかりとした足取りですが、おじいさんは手すりにつかまりながら、一段一段ふみしめるように降りていらっしゃるのでした。わたしはふたりにかけよって、「だいじょうぶですか。お手伝いしましょうか。」と言いました。おじいさんは、ほほえみながら、「だいじょうぶだよ。ありがとう。」とおっしゃいました。おばあさんも、「ありがとう。けががなおって、少し歩けるようになったから、今日は階段ののぼり降りの練習をしてるのよ。」とおっしゃいました。そして、おじいさんの足取りに合わせて気づかうように、降りて行かれました。わたしは、ふたりが最後の一段を降りられるまで見守りました。するとふたりはふり返り、わたしにおじぎをされました。
>
> 家に帰り、歩道橋でのことを母に話しました。母は、「思いやりのある行動ができたね。」とほめてくれました。

【問１】　上のできごとから、「思いやりのある行動」をとるときに何が大事だと考えますか。また、そう考えるのはなぜですか。あなたの体験をあげ、二百字から三百字で書きましょう。

【問二】　次の①または②について、例をあげて二百字から三百字で書きましょう。

①あなたが「思いやりのある行動」として、日ごろ行っていることとその理由

②あなたが「思いやりのある行動」として、これから行いたいこととその理由

そのとき、次の【注意】にしたがって、原稿用紙に書きましょう。

【注意】

◎　原稿用紙には、題や氏名や番号は書かないで、本文だけを書きましょう。

◎　文章を見直すときには、次の（例）のように、付け加えたり、けずったり、書き直したりしてもかまいません。

（例）

> 朝の会で、（私が）司会をしているとき、友だちが~~やさしく~~
> 意見を~~言って~~（出して）くれました。

原稿用紙

検査番号	

※

問一

問二

県立嘉穂高等学校附属中学校

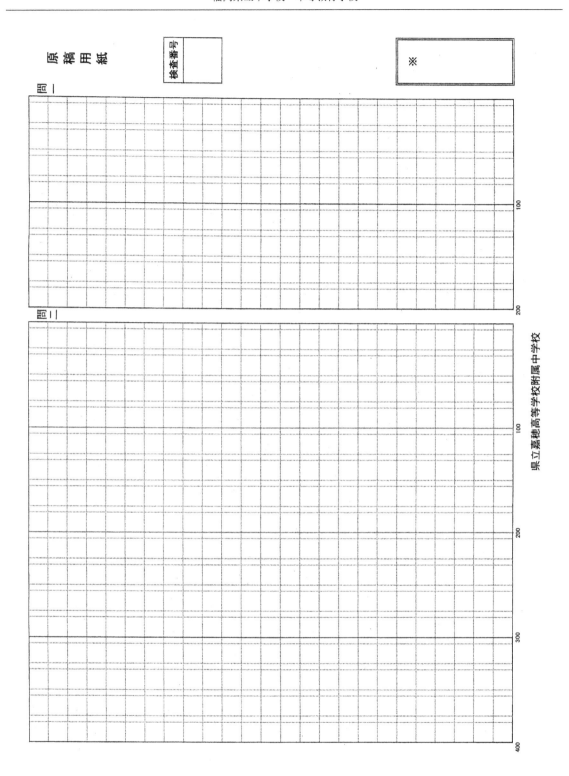

平成二七年度
県立嘉穂高等学校附属中学校入試問題

【作　文】（四〇分）

課　題　文

次の文章を読んで、あとの問いに答えなさい。

　二〇一四年にブラジルで開かれたサッカーのワールドカップのことをみなさんはまだ覚えているでしょうか。日本チームは残念ながら予選で負けましたが、日本チームのサポーターが試合後に会場でゴミ拾いをしたことが大きな話題になり、海外から多くの※賞賛《しょうさん》の声があがりました。聞くところによると、日本人サポーターのゴミ拾いの取組は、一九九八年のフランス大会から始まったということです。私はこのことがとてもうれしく、ほこらしい気持ちになりました。

　しかし、ごく一部ですが次のような意見もありました。それは「会場をそうじする人々の仕事をうばっているのではないか」というような意見です。私はそのような見方をする人もいるのだなと思いました。

　日本ではよく「来た時よりも美しく」という言葉が使われ、外ではゴミを出さないように、またゴミはきちんとゴミ箱へ捨てるか持ち帰るようにするのが一般的です。しかし、世界にはいろいろな見方や考え方があり、行動のしかたもさまざまであることがわかりました。

※賞賛……大いにほめること

問一　なぜ海外から多くの賞賛の声があがったのでしょうか。あなたの意見を百字から二百字で書きましょう。

問二　この文章を読んで、これからの学校生活でお互いが気持ちよく生活するためには、あなたはどのようなことに気をつけるべきだと思いますか。具体的な体験をあげて、三百字から四百字で書きましょう。そのとき、次の【注意】にしたがって、原稿用紙に書きましょう。

【注意】

◎　原稿用紙には、題や氏名は書かないで、本文だけを書きましょう。

◎　文章を見直すときには、次の（例）のように、付け加えたり、けずったり、書き直したりしてもかまいません。

（例）

朝の会で、（私が）司会をしているとき、友だちが~~やさしく~~意見を~~書いて~~（出して）くれました。

原稿用紙

検査番号	

※

問一

100

200

300

400

問二

100

200

県立宗像中学校

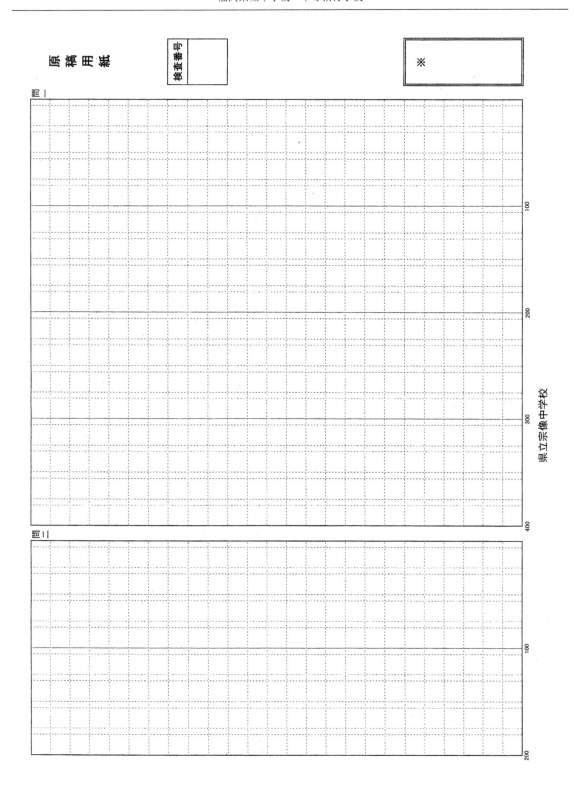

（例）

朝の会で、〔私が〕司会をしているとき、友だちが~~やさしく~~
意見を~~言って~~〔出して〕くれました。

平成二七年度
県立宗像中学校入試問題

【作　文】（四〇分）

課　題　文

次の文章は、宇宙飛行士の若田光一さんが、日本の若い人たちにあてたメッセージ文です。よく読んで、あとの問いに答えなさい。

ぼくたちの美しいふるさとである日本は、地球上のさまざまな国や地球とのつながりなしでは生きていけません。世界に広く目を向け、世界の人々と協力しながら、未知の世界を探り、ひとつひとつ問題を解決していくことは、ひとりひとりの暮らしを向上させ、豊かにしてくれます。

二十一世紀は、世界の人々が力を合わせてかけがえのない地球の環境《かんきょう》を守りながら、共に活動する場を拡《ひろ》げていく地球人の世紀になるでしょう。そうした取り組みを通して、新しい文化や価値観が生まれてくるのです。

そこで、私は皆さんに、「夢」、※「探究《たんきゅう》心」、「思いやり」の三つの言葉をおくります。

「夢」、自分の興味のあること、全力で取り組めるものを見つけてください。夢からはっきりした目標を定めることにより、それを達成するための道すじはおのずと明らかになります。そして、あきらめずに努力すれば、必ず実現できると思います。

「探究心」をもっていろいろなことにチャレンジし、日々出くわす疑問をひとつひとつ解決しようと努めることは、今まで知らなかったことを学んだり発見したりすることの楽しさを教えてくれます。

そして、「思いやり」をもって接し、支えあったり、はげましあったりできる心の友をつくってください。

※探究心……ものごとの真の姿をさぐり、明らかにしようとする心。

（若田光一・岡田茂《しげる》『宇宙が君を待っている』―宇宙時代を生きる地球人の君へ―〈汐文《ちょうぶん》社　刊〉によるものです。ただし、一部変えています。）

問一　右の文書中に「日々出くわす疑問をひとつひとつ解決しようと努めること」とありますが、あなた自身のこのような体験と、その体験を生かしてこれからあなたが取り組んでいきたいことについて、具体例をあげて三百字から四百字で書きましょう。

問二　これからの地球人である私たちに、若田さんは「そこで」と言って三つの言葉をおくっています。「夢」をもち、「探究心」を忘れずに問題を解決していくときに、なぜ若田さんは、三番目に「思いやり」を入れたのでしょう。あなたの考えを百五十字から二百字で書きましょう。

そのとき、次の【注意】にしたがって、原稿用紙に書きましょう。

【注意】

◎　原稿用紙には、題や氏名は書かないで、本文だけを書きましょう。

◎　文章を見直すときには、次の（例）のように、付け加えたり、けずったり、書き直したりしてもかまいません。

原稿用紙

検査番号

※

問一

100

200

300

400

問二

100

200

県立門司学園中学校

平成二七年度　県立門司学園中学校入試問題

【作　文】（四〇分）

課　題　文

次の文章を読んであとの問いに答えなさい。

同じ小学校に通う田中さんと山本さんは、とてもなかよしです。二人は今週当番でクラスで飼《か》っているうさぎの世話をまかされています。

ある日の放課後《ほうかご》、二人でそうじに行ったときのことです。山本さんが田中さんに、

「今日はそんなに汚《よご》れていないわね。」

と言いました。田中さんも、

「あら、本当ね。」

と言いました。すると、山本さんが、

「今日は私が一人でそうじをしておいてもいいわよ。」

と言い出しました。田中さんは、

「ありがとう。（　　　　　　）。」

と言いました。

問一　右の文章を読んで、あなたは山本さんがなぜ、「私が一人でそうじをしておいてもいいわよ。」と言ったと考えますか。これまでの体験を交え、三百字から四百字で書きましょう。

問二　右の文章中の空欄《くうらん》（　）について、あなたが田中さんだったらどう答えますか。左の《例文》にしたがって、原稿用紙の最初にその言葉を書きましょう。

さらに、それに続けてそのように答える理由を百字から二百字で書きましょう。

《例文》私が田中さんだったら、「ありがとう。〇〇〇〇。」と答えます。

そのとき、次の【注意】にしたがって、原稿用紙に書きましょう。

【注意】

◎　原稿用紙には、題や氏名は書かないで、本文だけを書きましょう。

◎　文章を見直すときには、次の（例）のように、付け加えたり、けずったり、書き直したりしてもかまいません。

（例）

朝の会で、（私が）司会をしているとき、友だちが~~やさしく~~

意見を~~言って~~（出して）くれました。

原稿用紙

検査番号

※

問一

100

200

300

問二

100

200

300

県立育徳館中学校

平成二七年度

県立育徳館中学校入試問題

【作　文】（四〇分）

課題文

次の文章は、育徳館中学校の学校通信です。この文章を読んで、あとの問いに答えなさい。

学校通信

福岡県立育徳館中学校

みんなが楽しく、より良い学校生活を送るために

育徳館に通うすべての生徒が、「楽しく、より良い学校生活を送ること」は、保護者や先生の願いであり、みんながかしこく、たくましく、心豊かに成長する基礎《きそ》になります。そんな学校生活の第一歩は、一人ひとりの「小さな心がけ」から始まります。

心がけ　その１「時と場のルールを守ること」

学校や社会には、その「時と場」のルールがあります。「時」のルールとは、決められた時間を守って行動することです。また「場」のルールとは、その場にふさわしい発言・行動をとることや、みんなで過ごす場所をきれいに整えておくことなどです。一人ひとりが、けじめのある行動をし、秩序《ちつじょ》（物事の正しい順序。規則。）のある学校生活を送ることは、みんなの安全・安心を守ります。

心がけ　その２「粘り強く努力し続けること」

興味《きょうみ》や意欲をもって始めたことでも、思うように成果や上達が実感できないとき、私たちは「無理かもしれない」と悩《なや》んだりします。それでも、周りの人たちの支えや励《はげ》ましの中で、頑張《がんば》り続けることができた経験はありませんか。目標に向かって努力し続けていく一人ひとりの「粘《ねば》り強さ」が集まったとき、それは、クラスや学校にとって大きな力となるはずです。

心がけ　その３「思いやりをもって仲間に接すること」

「誰《だれ》もが仲間はずれにされたり、いやな思いをしたりすることなく、一人ひとりが認められる。一生懸命《けんめい》な姿を心から応援《おうえん》し、してはいけないことや卑怯《ひきょう》なことは許さない。一人はみんなのために、みんなは一人のために行動する。」そういった温かい思いやりでつながった集団は居心地《いごこち》がよく、明るく活気に満ちた学校をつくります。

一人ひとりの「小さな心がけ」を集めて、誰もが「楽しく、より良い学校生活を送ること」ができる育徳館にしていきましょう。

問一　「みんなが楽しく、より良い学校生活を送るために」の、三つの「心がけ」の中から、あなたが一番大切にしていきたいと思うものを一つ選び、そう思う理由をあなたが体験したことをあげて、二百字から三百字で書きましょう。

問二　「問一」で選んだ「心がけ」をクラスや学校のみんなに広げていくために、あなたができることを、あなたがとる行動や使う言葉の例をあげながら、二百字から三百字で書きましょう。

そのとき、次の【注意】にしたがって、原稿用紙に書きましょう。

【注意】

◎　原稿用紙には、題や氏名は書かないで、本文だけを書きましょう。

◎　文章を見直すときには、次の（例）のように、付け加えたり、けずったり、書き直したりしてもかまいません。

（例）

朝の会で、{私が} 司会をしているとき、友だちが~~やさしく~~

意見を~~書いて~~ 出して くれました。

平成26年度

福岡県立中学校・中等教育学校入試問題

【適性検査】（50分）

1 **なおこさんは、弟のあきらさんと２人でかげ絵づくり教室に行きました。**

問１　なおこさんとあきらさんは，**【つみき】**を光にかざし，**【つみき】**の向きを変えることで，さまざまな形のかげをスクリーンにうつして遊びました。

あきらさんは，**ア**の**【つみき】**で**【図】**のような四角形のかげをつくりました。その後，**イ**の**【つみき】**でも，四角形のかげをつくることができることに気づきました。それを見ていたなおこさんは，形のちがう２つの**【つみき】**を用いたとき，同じような形のかげをつくることができることに気づきました。そこで，**ア**～**オ**の**【つみき】**のうち，２つを用いて四角形以外の形のかげをつくることができないかと考え，調べてみました。すると，四角形以外の形のかげを２つつくることができました。

四角形以外の形のかげをつくることができる**【つみき】**と，そのときのかげの形はどのようになりますか。**【例】**にならって，**ア**～**オ**の記号とかげの形を，次の □ に２つかきましょう。

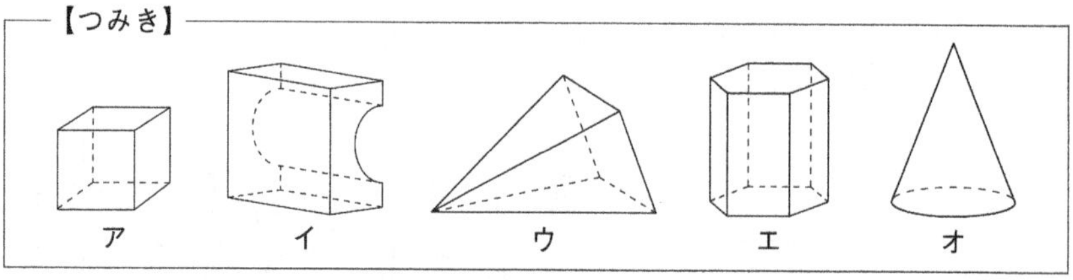

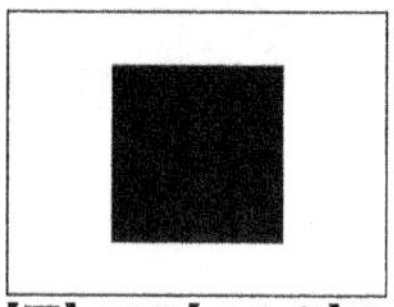

【図】アの**【つみき】**でつくったかげ

【例】

【つみき】	（　ア　）と（　イ　）
かげの形	

【つみき】	（　　　）と（　　　）	（　　　）と（　　　）
かげの形		

問２　かげ絵づくり教室が終わったとき，暗くなっていたので，お父さんがむかえにきました。

３人で家に帰る途中《とちゅう》，街灯の下を通っていたあきらさんは，なおこさんはお父さんより身長が低いのに，なおこさんのかげが，お父さんのかげより長くなる場合があることを疑問に思い，その理由をなおこさんにたずねました。なおこさんは，街灯の近くの人のかげは短くて，遠くの人のかげは長くなることをもとに説明しました。

しかし，そのときの説明では十分に理解できなかったあきらさんは，家に帰った後，もう一度たずねました。そこで，なおこさんは「街灯と地面にできたかげを結ぶ線をかいてみると分かるよ。」と言いながらノートに簡単な図をかいて，なおこさんのかげが，お父さんのかげより長くなる場合について説明しました。あなたがなおこさんだったら，どのような図をかきますか。**【例】**にならって，次のページの「　」の中のものが分かるように**【ノート】**にかきましょう。

「お父さん　なおこさん　お父さんのかげ　なおこさんのかげ　街灯とかげを結ぶ線」

【例】

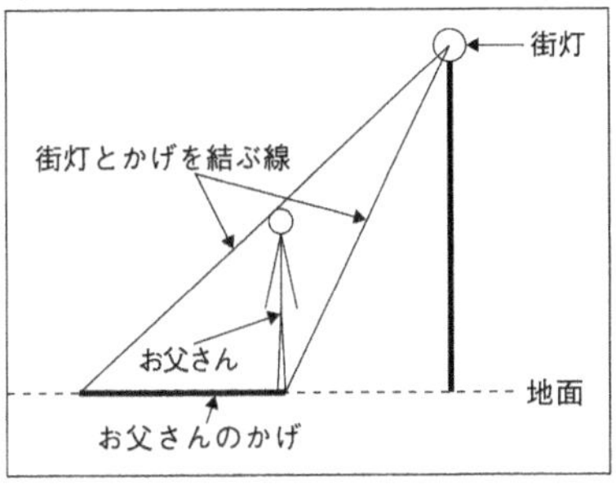

【ノート】

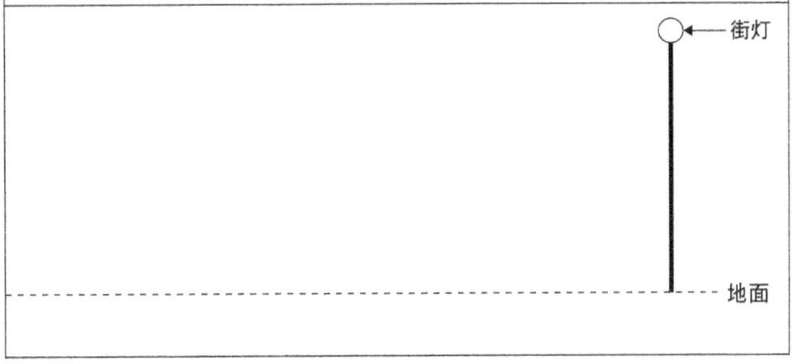

2　**ちはるさんの学級では，総合的な学習の時間に行っている「住みよいまちづくり」の学習の中で，市内の公共施設《しせつ》や市の取り組みについて調べました。**

問1　はじめに，ちはるさんたちは市内の公民館と図書館を訪ね，利用者のことを考えた取り組みについて調べたことを，次のようにまとめました。

【公民館の取り組み】

1　音声で案内するトイレを設置している。
2　ダンスなどの同じ趣味《しゅみ》を持つ人が集まり学び合える場をつくっている。
3　市民から行ってほしい行事について意見を聞く機会を設定している。
4　書道などの習い事ができる教室を開いている。
5　講演会などで、手話を使った通訳を行うことがある。
6　ホームページを使って利用者の意見を集めている。

【図書館の取り組み】

1　借りたい本の希望を書くカードを置いている。
2　点字で表した本の貸し出しを行っている。
3　車いすで利用できるエレベーターを設置している。
4　上手な音読の仕方を身につけられる朗読教室を開いている。
5　図書館を利用しての感想や気づいたことについてアンケートを行っている。
6　手作り絵本などの作り方を学べる教室を開いている。

ちはるさんは，**【公民館の取り組み】**と**【図書館の取り組み】**を見て，それぞれの1～6の取り組みが2つずつ3組に分類できることに気づきました。さらに，それぞれ3組に分類した取り組みは，公民館と図書館に共通する目的で整理されることに気づきました。あなたが，ちはるさんだったらどのように分類し，どのような目的で整理しますか。次の□の**【公民館の取り組み】**と**【図書館の取り組み】**には1～6の数字を，**【目的】**には共通する目的を文で書き，表を完成させましょう。

【公民館の取り組み】	【図書館の取り組み】	【目的】
（　）、（　）	（　）、（　）	
（　）、（　）	（　）、（　）	
（　）、（　）	（　）、（　）	

問2　次に，ちはるさんたちは市役所に市の取り組みについて話を聞きに行きました。すると，「たくさんの市民が利用する公園」をテーマに新しい公園づくりを計画しているので，いっしょに考えてほしいという話がありました。新しい公園づくりに協力したいと考えたちはるさんたちは，次のページの〔**資料1**〕と〔**資料2**〕の2つの資料をもらいました。〔**資料1**〕は，新しい公園でやってみたいことについて市民にアンケートをとり，希望の多かった3つの内容を示したもの

で，〔**資料２**〕は，市内にすでにある公園の利用者数について割合で表したものです。

学校にもどったちはるさんたちは，〔**資料１**〕，〔**資料２**〕の２つの資料をもとに新しい公園づくりについて話し合いました。下の［　］は，そのときの会話の一部です。

〔資料１〕年代別の新しい公園でやってみたいこと

年代	0～9才	10～19才	20～29才	30～39才	40～49才	50～59才	60～69才	70才以上
希望の多い内容	遊具を使って遊ぶ	遊具を使って遊ぶ	散歩・休けいをする	散歩・休けいをする	散歩・休けいをする	散歩・休けいをする	散歩・休けいをする	散歩・休けいをする
	広場で遊ぶ	広場で遊ぶ	食事をする	食事をする	季節の景色を楽しむ	季節の景色を楽しむ	花の観賞をする	花の観賞をする
	虫とりをする	会話を楽しむ	会話を楽しむ	子どもと遊ぶ	子どもと遊ぶ	ジョギングをする	ジョギングをする	軽い運動をする

ゆうき：「〔**資料１**〕を見ると，多くの年代が散歩や休けいを希望していることが分かるので，遊歩道や休けい用のベンチをつくるといいと思うよ。」

ちはる：「確かに，できるだけ多くの年代の希望に合わせることは大切ね。私も，同じように考えて，子どもを安心して遊ばせることのできる遊具や広場があると，たくさんの市民が利用することにつながると思うよ。」

え　み：「えっ，遊具を使って遊ぶことや広場で遊ぶことを希望しているのは，〔**資料１**〕を見ると０～19才で，〔**資料２**〕を見るとその年代は全体の15％しかいないのに，どうしてそう考えるの。」

ちはる：「**それはね，**［　　］」

ちはるさんは，発言の中の**それはね，**に続けて［　］で，子どもを安心して遊ばせることのできる遊具や広場があるとたくさんの市民が公園を利用することにつながると思った理由を説明しています。あなたがちはるさんだったら，どのように説明しますか。〔**資料１**〕，〔**資料２**〕の２つの資料それぞれから分かることを明らかにして，下の［　］に書きましょう。

〔資料２〕年代別の公園利用者数の割合

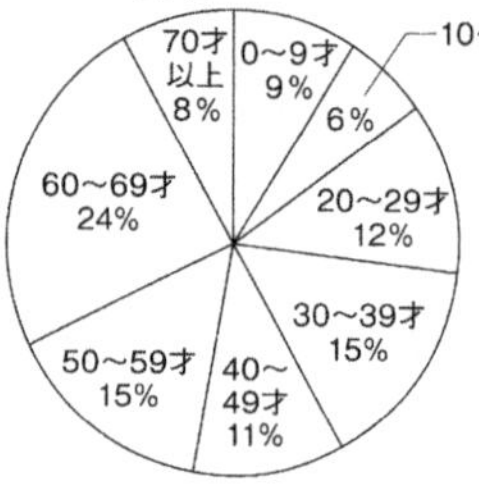

3　**たかしさんとゆうこさんは，さいころを使って遊ぶことにしました。２人はいつも使っているさいころとちがうさいころでゲームをしたいと思い，たかしさんは偶数《ぐうすう》を書いたさいころを，ゆうこさんは奇数《きすう》を書いたさいころを作ることにしました。**

問１　たかしさんは**図１**の展開図を作り，さいころを組み立てました。組み立てたさいころはどのように見えますか。右の**【たかしさんのさいころの図】**の上の面と右の面に数字を書き入れましょう。そのとき，数字の向きも正しく書きましょう。

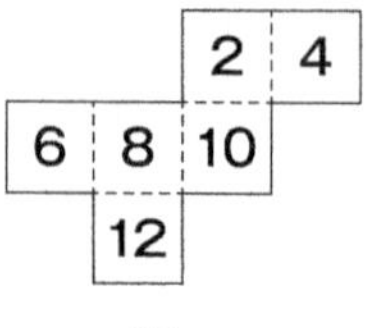

図１

【たかしさんのさいころの図】

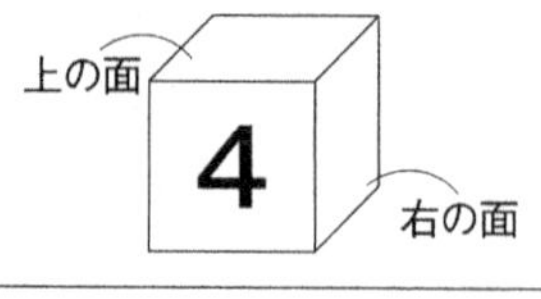

問2　たかしさんは，前ページの**図1**の展開図を組み立てて作ったさいころをふって出た目の数を図に書きこむゲームを考えました。遊び方は，次の［　　］のとおりです。

①　**図2**のように，紙に6つのマスをかき，上の段の左はしのマスに，はじめから**2**を書きこんでおく。

②　さいころをふり，出た目の数を**図2**の㋐～㋔のどこかに書きこむことを2人で交代してくり返す。ただし，**2**の目と，一度出た目が出た場合はさいころをふり直す。

③　数は㋐～㋔のどこに書きこんでもよい。ただし，数がならぶときは，横にならぶ数はどの2つの数をとっても右の数が左の数より大きく，たてにならぶ数は下の数が上の数より大きくなるように書きこむ。

④　③の通りに書きこめなかった方が負け。

2	㋐	㋑
㋒	㋓	㋔

図2

最初にゆうこさんが12の目を出し，㋑に書きこみました。次にたかしさんは4の目を出しました。そのとき，たかしさんは，あるマスに4を書きこめば自分の勝ちとなることに気づきました。そのマスの記号と，そのマスに書きこむことで，ゆうこさんがどんな数を出しても書きこめなくなる理由を，次のそれぞれの［　　］に書きましょう。

4を書きこめば勝ちとなるマスの記号	ゆうこさんがどんな数を出しても書きこめなくなる理由

問3　ゆうこさんは，6つの面に1，3，5，7，9，11の数が1つずつ書かれているさいころを作り，机の上でたおしていくゲームを考えているとき，6回たおしてさいころがはじめの置き方にもどるたおし方に気づきました。そこで，そのことを使って，下の［　　］のような遊び方を考え，同じさいころをもう1つ作りました。

①　2人それぞれが，思い思いにさいころを置き，各自のたおし方を決める。

②　たおし方については，例えば「左→奥→奥」のように，**図3**に示す左と右のどちらかに1回，続けて手前と奥のどちらか一方に2回，合わせて3回のたおし方を決める。

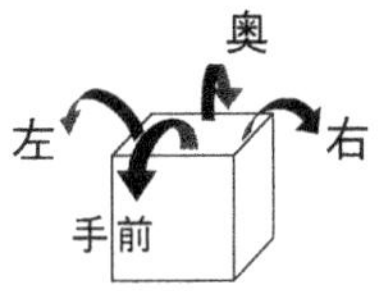

図3

③　②でそれぞれが決めた3回のたおし方を，2人同時にくり返す。

④　さいころをたおすごとに，上の面に書かれた数をたしていき，その和が先に100をこえたら勝ち。ただし，同じ回数でこえた場合は，そのときの和が大きい方の勝ち。和も等しければ，こえたときの上の面に書かれた数が大きい方の勝ち。

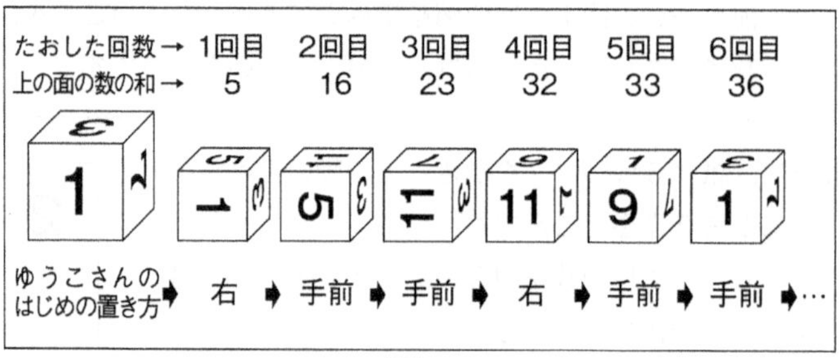

図4

ゆうこさんは，上の面を３，手前の面を１としてさいころを置き，３回のたおし方を「右→手前→手前」としました。**図４**は，ゆうこさんが６回たおすまでのさいころの様子です。

このときの対戦では，たかしさんが勝ちました。たかしさんはさいころをはじめにどのように置き，どのようにたおしたのでしょう。**【たかしさんのはじめの置き方】**と**【たかしさんの３回のたおし方】**の組み合わせは何通りか考えられます。そのうちの１つを，下の［　　］に書きましょう。

【たかしさんのはじめの置き方】	【たかしさんの3回のたおし方】
上の面に書かれた数→(　　　　　) 手前の面に書かれた数→(　　　　　)	「(　　　　　)→(　　　　　)→(　　　　　)」

原稿用紙

検査番号

※

問一

100

200

300

福岡県立育徳館中学校

問二

100

200

300

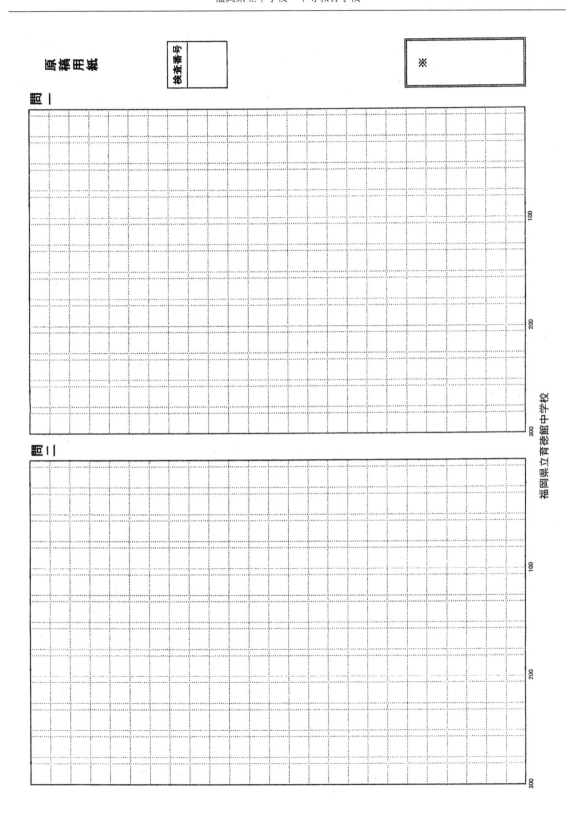

平成二六年度

県立育徳館中学校入試問題

【作　文】（四〇分）

課　題　文

次の文章を読んで、あとの問いに答えなさい。

次の物語は、南アメリカの先住民に古くから伝わっているお話です。

「森が燃えていました。

森の生きものたちは、われ先にと逃《に》げていきました。

でもクリキンディという名の※ハチドリだけは行ったり来たり、くちばしで水のしずくを一滴《てき》ずつ運んでは、火の上に落としていきます。

動物たちがそれを見て『そんなことをしていったい何になるんだ』といって笑います。

クリキンディはこう答えました。『私は、私にできることをしているだけ』」

※ハチドリ…北アメリカや南アメリカにすんでいる、体長十センチメートル前後の小さな鳥。

（辻　信一『ハチドリのひとしずく　いま、私にできること』「光文社」刊によるものです。ただし、一部変えています。）

問一　クリキンディの行動や言葉について、あなたの考えを書きましょう。

そのとき、そう考えた理由を見たり聞いたりしたことや身の回りの例をあげながら二百字～三百字で書きましょう。

問二　燃えていた森は、その後どうなったでしょう。

あなたが問一で考えたことをもとにして、話の続きを二百字～三百字で書きましょう。

そのとき、次の「**注意**」にしたがって、原稿用紙に書きましょう。

【注意】

◎　原稿用紙には、題や氏名は書かないで、本文だけを書きましょう。

◎　文章を見直すときには、次の（**例**）のように、付け加えたり、けずったり、書き直したりしてもかまいません。

（例）

朝の会で、私が司会をしているとき、友だちが~~やさしく~~意見を~~書って~~出してくれました。

原稿用紙

検査番号	

※

福岡県立門司学園中学校

平成二六年度
県立門司学園中学校入試問題

【作文】（四〇分）

課題文

きのうテレビで、国内のあるサッカーチームの特集《とくしゅう》番組を見ました。そのチームはいろいろな地域《ちいき》から選手が集まり、年齢《ねんれい》も幅広《はばひろ》くて十代から四十代までです。

番組の中で司会者がある選手に、

「あなたは、このチームにとって何が一番大切だと思いますか。」

と質問をしました。するとその選手はすぐに、

「（　　　　　）です。」

と答えました。続けて、

「これを大切にしなければ、チームとしてまとまりません。しかし、これはサッカーに限《かぎ》ったことではないでしょう。」

と言いました。

私はこれらの言葉を聞いて、自分の日常《にちじょう》生活を振《ふ》り返《かえ》って考えてみました。

右の文章中の空欄《くうらん》（　）について、あなたがこのチームの選手だったらどう答えますか。下の**《例文》**にしたがって、『原稿用紙の最初にその言葉を書きましょう。さらに、それに続けてその言葉を選んだ理由も、体験を交えながら書きましょう。

《例文》　私は「〇〇〇〇〇です。」と答えます。

そのとき、次の「**注意**」にしたがって、原稿用紙に書きましょう。

【注意】

◎　原稿用紙には、題や氏名は書かないで、本文だけを書きましょう。

◎　文章を見直すときには、次の（**例**）のように、付け加えたり、けずったり、書き直したりしてもかまいません。

（**例**）

朝の会で、私が司会をしているとき、友だちが~~やさしく~~
意見を~~書やす~~出してくれました。

原稿用紙

検査番号

※

問一

100

200

300

問二

100

200

300

福岡県立輝翔館中等教育学校

平成二六年度
県立輝翔館中等教育学校入試問題

【作　文】（四〇分）

課　題　文

> 仲よくしている友達のどんなところが好きですか。どんなところが、かがやいて見えますか。
>
> 出会ってから今までの思い出をふり返ってみると、「ためになる話をしてくれた。」「児童会活動をがんばっていた。」「困《こま》ったときに助けてくれた。」など、たくさんのよいところが思いうかぶことでしょう。
>
> ところで、ふだん仲よくしている友達に、「あなたのそういうところがすてきだよ。」と伝えたことはありますか。「あなたがかくマンガはおもしろい。」とか、「だれに対しても意見をはっきり言えて尊《そん》敬《けい》する。」など、いつも近くで見ているあなたのひと言は、大切なものになるかもしれませんね。
>
> （押谷由夫『心に響《ひび》くあの人のことば』によるものです。
> ただし、一部変えています。）

【問一】　筆者は二重線のように問いかけています。友達のよさを伝えることについて、これまでの体験をあげて、あなたの考えを二百字～三百字で書きましょう。

【問二】　友達のよさに気づくことは大切です。なぜだと思いますか。あなたが大切だと思う理由と、友達のよさに気づくために心がけたいことを二百字～三百字で書きましょう。

そのとき、次の「**注意**」にしたがって、原稿用紙に書きましょう。

【注意】

◎　原稿用紙には、題や氏名は書かないで、本文だけを書きましょう。

◎　文章を見直すときには、次の**（例）**のように、付け加えたり、けずったり、書き直したりしてもかまいません。

（例）

> 朝の会で、私が司会をしているとき、友だちが~~やさしく~~
> 意見を~~書やす~~出してくれました。

平成25年度

福岡県立中学校・中等教育学校入試問題

【適性検査】（50分）

あん
図１

図２

1　右の図１のようなあんかけ焼きそばを食べていた６年生のたえさんは，時間がたっても冷めにくいことに疑問を持ちました。そこで，たえさんは，湯のようにさらっとしているものに比べ，あんかけ焼きそばのあんのようにどろっとしているものは冷めにくいのではないかという予想を立て，自由研究を行うことにしました。

問１　**たえ**さんは，どろっとしたものをつくるためには，**図２**のような片栗《かたくり》粉《こ》を使うとよいことを家族から教えてもらいました。そして，**たえ**さんは，次の＜**道具**＞と＜**手順**＞で実験を行うことにし，理科の得意な**えいじ**さんに相談しました。

次の □ は，そのときの会話の一部です。

＜道具＞

片栗粉
片栗粉
コップ
電気ポット
計量カップ
計量スプーン
温度計
スプーン
ストップウォッチ

＜手順＞

1　コップに入れた200mLの湯の温度を測る。
2　しばらくたってからもう一度，湯の温度を測り，変化を調べる。
3　コップに入っている湯を捨てる。
4　コップに入れた200mLの湯に，大さじ１ぱいの片栗粉を入れ，スプーンでよくかき混ぜて，実験用の［あん］をつくり，［あん］の温度を測る。
5　しばらくたってからもう一度，［あん］の温度を測り，変化を調べる。

た　え：「これらの道具と手順で実験しようと思うけど，どうかな。」
えいじ：「準備する道具はいいと思うけど，実験を進めるときに同じにしないといけない条件がいくつかあるよ。同じにする条件は，□ だね。」

えいじさんは，会話の中の □ で，この実験を進めるときに同じにしなければならない条件をいくつかあげて説明しています。あなたが**えいじ**さんだったら，どのような条件をあげて説明しますか。考えられる条件のうちの**2つ**を，次の □ に１つずつ書きましょう。

問２　実験を終えた**たえ**さんは，実験の結果について**えいじ**さんに相談しました。

下の □ は，そのときの会話の一部です。

> **た　え**：「きのう実験してみたら，予想どおりになったよ。でも，なぜ［あん］は冷めにくいの。」
>
> **えいじ**：「インターネットで調べたら，湯が冷めるときには，冷やされて温度の低くなった水が下の方へ動き，下の方にあった温度の高い水が上がることが分かったよ。このことが関係しているのかな。」
>
> **た　え**：「そうか。［あん］が冷めにくい理由は，□ かもしれないね。確かめてみたいな。」

たえさんは，会話の中の □ で，［あん］が冷めにくいと考えられる理由について説明しています。あなたが**たえ**さんだったら，［あん］が冷めにくいと考えられる理由をどのように説明しますか。次の「　」の中のすべての言葉を必ず１回以上使って，下の □ に書きましょう。

「［あん］　温度が低い　温度が高い」

２　**あやさんの所属する新聞委員会では，「自分の役割を果たし友達と協力して，分かりやすくておもしろい新聞をつくろう。」というめあてを決め，学校の行事や各委員会の取り組みなどを記事にした新聞をつくっています。**

来週の新聞委員会の活動では，今後の新聞づくりに生かすために，めあてが達成できたかについて話し合うことになっています。委員長のあやさんは，副委員長のけんさんと２人で，そのための準備をしています。

問１　まず，**あや**さんたちは，分かりやすくておもしろい新聞をつくることができたかを調べるために，全校のみんなにアンケートを行うことにしました。そこで，**けん**さんは，アンケートの質問〔**案１**〕をつくりました。しかし，**あや**さんは，〔**案１**〕では，今後改めていくことがらが，くわしく分からないのではないかと考え，２人で話し合って〔**案２**〕につくり直しました。

あやさんたちは，どのような理由から，〔**案２**〕につくり直すことによって今後改めていくことがらが，くわしく分かると考えたのでしょう。次のページの □ の〔**案２**〕の方が〔**案１**〕よりも，に続けて書きましょう。

（〔**案１**〕〔**案２**〕は次のページにあります。）

①　学校新聞は、分かりやすくておもしろかったですか。
はい・いいえ
②　①で、そう考えた理由を書いてください。

〔**案１**〕

①　学校新聞は、分かりやすかったですか。
はい・いいえ
②　①で、そう考えた理由を書いてください。
③　学校新聞は、おもしろかったですか。
はい・いいえ
④　③で、そう考えた理由を書いてください。

〔**案２**〕

〔**案２**〕の方が〔**案１**〕よりも，

問２　次に，自分の役割を果たし友達と協力することができたかを確かめるために，**あや**さんたちは，前回の新聞委員会の活動で委員一人一人が書いた**ア**～**ク**の〔**ふり返り**〕を整理することにしました。そこで，**あや**さんは，〔**ふり返り**〕を，「**自分の役割を果たす**」，「**友達と協力する**」という２つの視点に沿って分類することにしました。その視点に沿って２つに分類しようとすると，視点に沿っていない〔**ふり返り**〕がいくつかあることに気づきました。そして，分類した結果，**ア**～**ク**の〔**ふり返り**〕を３つに整理することができました。また，視点に沿っていない〔**ふり返り**〕には，共通点があることにも気づきました。

〔**ふり返り**〕

ア　記事を書く係だったので，文をすっきりさせるために自分で何度も書き直した。
イ　構成係ではなかったけれど，新聞のわり付けについてアドバイスができた。
ウ　学校新聞を読んだ家の人から，とても分かりやすいとほめられた。
エ　全体の構成を考える係が困っていたので，いっしょに考えた。
オ　自分の取材ノートに，記事になりそうなことをたくさんメモした。
カ　学校新聞がおもしろかったという声が，３年生から聞かれた。
キ　約束していた取材の時刻におくれてしまい，自分がインタビューする１年生を待たせてしまった。
ク　男女仲よくアイデアを出し合いながら話し合うことができた。

あなたが**あや**さんだったら，視点に沿っている〔**ふり返り**〕をどのように分類しますか。また，どれが視点に沿っていない〔**ふり返り**〕で，どのような理由から視点に沿っていないと考えますか。次のページのそれぞれの □ に，**ア**～**ク**の記号や言葉で書きましょう。ただし，視点に沿っていないと考える理由については，共通点が分かるように書きましょう。

視点に沿って分類した〔ふり返り〕の記号
〔　　　　　〕と〔　　　　　〕

視点に沿っていない〔ふり返り〕の記号とそう考える理由	
記　号	理　由

3　**なつみさんとはるきさんは，折り紙を使ったゲームを考え，休み時間に2人で遊んでいます。**

問1　まず，**なつみ**さんが考えた「**ぬりつぶしゲーム**」をしました。このゲームは，マスをぬることを2人が交代してくり返し，最後のマスをぬった方が負けになるゲームです。遊び方は，次の［　　］のとおりです。

① **図1**のように，折り紙に直角三角形のマスが16個できるように直線を引く。

② マスをぬることを交代してくり返す。一度ぬったマスはぬれない。1回でぬることができるマスは，**図2**のように，三角形または四角形とする。

③ 最後のマスをぬった方が負け。

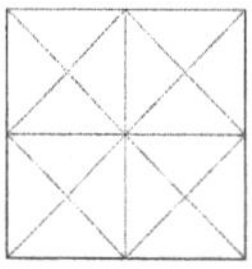

図1

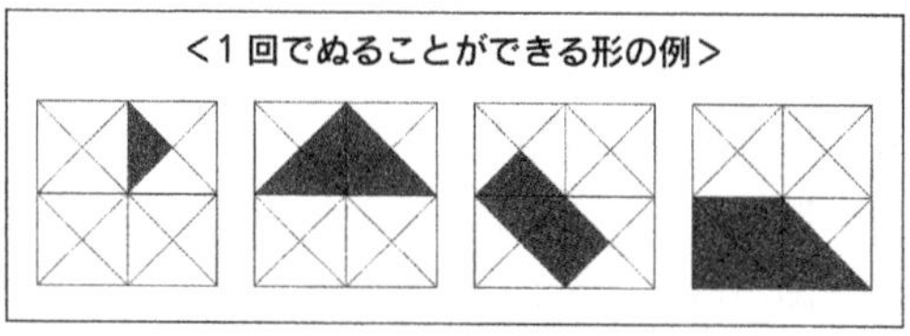

図2

はるきさんからゲームを始め，2回ずつぬって，**図3**のようにマスが残りました。次は，**はるき**さんの番です。このとき，**はるき**さんは，必ず勝つために，次にどのマスをぬるとよいか分かりました。

はるきさんが必ず勝つことができるぬり方はいくつかあります。そのうち3つを見つけ，次ページの【**勝つことができるぬり方**】の折り紙の図のマスをぬりましょう。

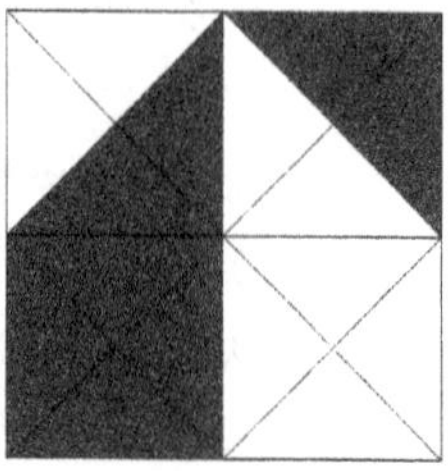

図3

【勝つことができるぬり方】

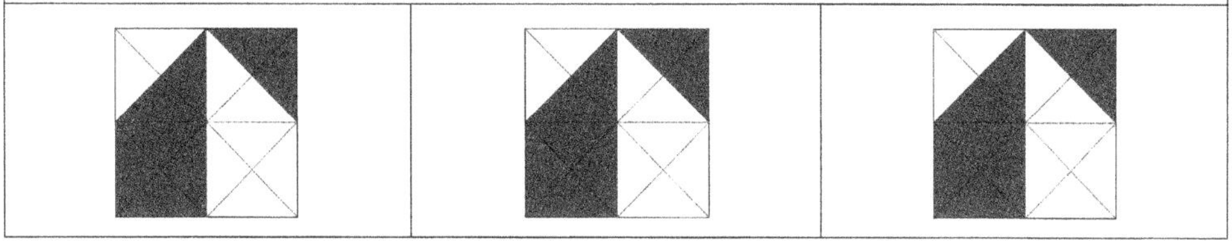

問２　次に，**はるき**さんが考えた「**切り分けゲーム**」をしました。このゲームは，１～16の数を書いた折り紙を２つに切り分けて，書かれている数の合計を競《きそ》うゲームです。遊び方は，下の[　　]のとおりです。

①　**図４**のように，折り紙に正方形のマスが16個できるように直線を引く。

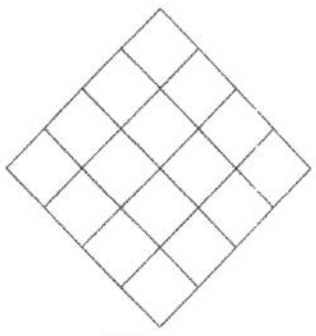
図４

②　**図４**の折り紙を，**図５**のように折り，Ａの部分，Ｂの部分のどちらをもらうか決め，折り紙を広げる。

③　マスを選んで数を書き入れることを，２人が交代してくり返す。
１人が１回に２つのマスを選び，それぞれのマスに，１～16の整数から１つを選んで書く。数を書き入れるマスは，数が書かれていないマスから自由に選べる。一度使った数は使えない。

④　すべてのマスに数を書き入れたら，もう一度，**図５**のように折る。そして，**図６**のようにＡとＢの２つの部分に切り分ける。

図６

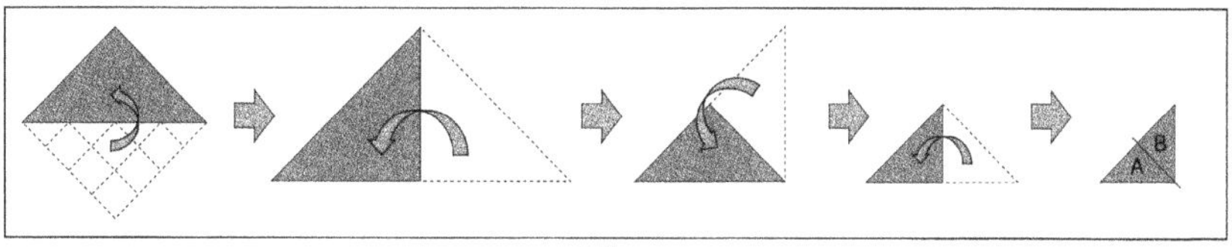

図５

⑤　Ａ，Ｂそれぞれの部分に書かれている８つの数の合計を計算し，合計の大きい方が勝ち。

はるきさんからゲームを始め，**図７**のように㋐～㋕の６つのマスが残りました。次は，Ａの部分を選んだ**なつみ**さんの番です。このとき，**なつみ**さんは，Ａの部分の８つのマスが分かり，また，必ず勝つために，どのマスにどの数を入れるとよいか気づきました。

どのマスに数を入れると勝つことができますか。次のページの【**数を入れるマス**】に，㋐～㋕の記号を書きましょう。また，どの数を入れると勝つことができますか。勝つための２つの数の組み合わせのうち，和が一番小さくなる組み合わせはいくつかあります。そのうち１

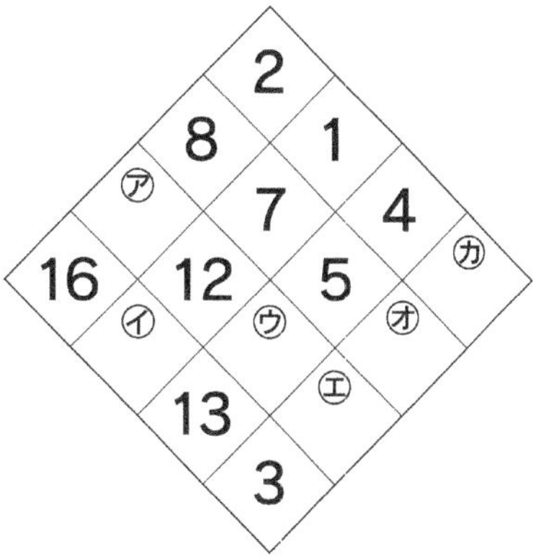

図７

組を下の【2つの数の組み合わせ】に書きましょう。

【数を入れるマス】	【2つの数の組み合わせ】
（　　　）と（　　　）	（　　　）と（　　　）

原稿用紙

検査番号	

※

福岡県立育徳館中学校

平成二五年度

県立育徳館中学校入試問題

【作　文】（四〇分）

課　題　文

　人は一人で生きているのではありません。まわりの人との関わりの中で生きています。だから、互いが気持ちよく生活していくには必要なことがあります。たとえば次のような話から、あなたはどんなことを考えるでしょう。

　かずみさんが、入院しているクラスメートのあいこさんのお見舞《みま》いに行ったときのことです。あいこさんは運動会の練習中にけがをして入院し、楽しみにしていた運動会に参加できませんでした。そんなあいこさんに運動会の様子を教えてあげようと、かずみさんは張り切ってたくさんの話をしました。あいこさんが運動会のことを知りたがっているだろうと考えたからです。ダンスや応援《おうえん》合戦、そしてあいこさんが走る予定だったクラス対抗リレーのことなどを身ぶり手ぶりを入れて話すかずみさん。初めはにこにこ笑って、「それで?」とか「わあ、楽しそう」とか言いながら、運動会の話を楽しそうに聞いていたあいこさんでしたが、だんだんと言葉が少なくなってきて、さびしそうな表情になってきました。かずみさんはそれに気づかず、ずっとおしゃべりを続けました。あいこさんの表情はどんどんくもっていき、やがて涙《なみだ》がぽろりとこぼれました。

　この話を読んで、次のことについて原稿用紙に四百字～六百字で書きましょう。

　かずみさんの話を聞いて、あいこさんはどんな気持ちになりましたか。また、そうならないように、あなたがかずみさんだったら、お見舞いに行ったときにどうするかを考えて、一段落目に書きましょう。

　二段落目に、この話から、お互いが気持ちよく生活するためにあなたが必要だと考えることを、具体的な体験をあげて書きましょう。

【注意】

◎　原稿用紙には、題や氏名は書かないで、本文だけを書きましょう。

◎　文章を見直すときには、次の（例）のように、付け加えたり、けずったり、書き直したりしてもかまいません。

（例）

朝の会で、（私が）司会をしているとき、友だちが~~やさしく~~意見を~~書いて~~（出して）くれました。

原稿用紙

検査番号	

※

問一

100

200

300

問二

100

200

300

福岡県立門司学園中学校

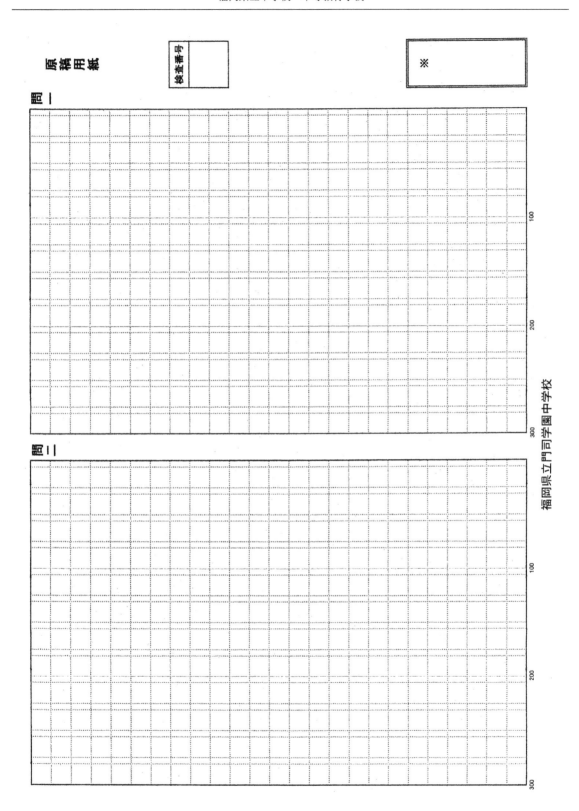

平成二五年度

県立門司学園中学校入試問題

【作　文】（四〇分）

課　題　文

できごと　1

保育園にかよう弟が、服を着替《きが》えていました。しかし、ボタンをうまくとめることができませんでした。大変そうに見えたのでわたしがとめてあげました。すると、弟は「じぶんでできたのに。」と言って、急に泣き出しました。

できごと　2

わたしがバスに乗ろうとしてバス停《てい》に行くと、荷物《にもつ》をたくさん持っているおばあさんがいました。バスに乗るときに大変そうに見えたので「お持ちしましょうか。」と声をかけました。すると、「お願いします。」と言ったので荷物を持ってバスに乗りました。席に座《すわ》ったおばあさんは「ありがとう。」と言いました。

問一　できごと　1 と できごと　2 のわたしの行動に対して、相手は一方では泣き出し、一方では感謝《かんしゃ》しています。どうしてそのような違《ちが》いがおこったのでしょうか。あなたの考えを、二百～三百字で書きましょう。

問二　問一で考えたことをもとにして、あなたはどのようなことに心がけて、中学校生活を送ればよいと思いますか。二百～三百字で具体例を交《まじ》えながら書きましょう。

【注意】

◎　原稿用紙には、題や氏名は書かないで、本文だけを書きましょう。

◎　文章を見直すときには、次の（例）のように、付け加えたり、けずったり、書き直したりしてもかまいません。

（例）

朝の会で、私が司会をしているとき、友だちが~~やさしく~~
意見を~~書いて~~出してくれました。

原稿用紙

検査番号

※

問一

100

200

300

問二

100

200

300

福岡県立輝翔館中等教育学校

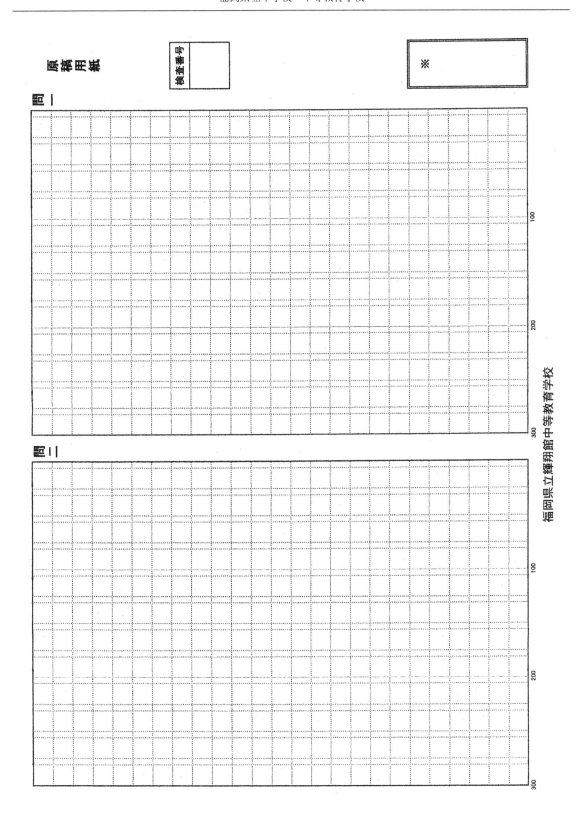

平成二五年度
県立輝翔館中等教育学校入試問題

【作　文】（四〇分）

課題文

あきこさんの班《はん》は、修学旅行の班別行動の計画について話し合いをしています。あきこさんが班のリーダーで、他のメンバーは、まさおさん、はなこさん、しんじさんの三人です。

次の会話は、あきこさんの班の四人がかわしたものです。

あきこ「修学旅行が楽しみだね。わたしは、美術館へ行きたいけど、みんなはどんな所へ行きたいの。」
まさお「歴史的に有名な建物を見に行きたいな。」
はなこ「わたしは、伝統工芸品のお店でいろいろなものを見てみたいな。」
しんじ「火山のことが分かる博物館がいいな。」
あきこ「時間が限られているから、全部は無理だよね。」

【問一】 あきこさんはリーダーとして、班別行動の計画をまとめなければなりません。あなたがあきこさんなら、何について、どのような手順で話し合いを進めますか。あなたの考えを、二百字～三百字で書きましょう。

【問二】 みんなの意見をまとめることは、リーダーとして必要なことの一つです。それ以外で、リーダーに必要な力や行動は何でしょうか。体験をあげながら、あなたの考えを、二百字～三百字で書きましょう。

そのとき、次の【注意】にしたがって、原稿用紙に書きましょう。

【注意】

◎ 原稿用紙には、題や氏名は書かないで、本文だけを書きましょう。

◎ 文章を見直すときには、次の（例）のように、付け加えたり、けずったり、書き直したりしてもかまいません。

（例）

朝の会で、私が司会をしているとき、友だちが~~やさしく~~
意見を~~書いて~~出してくれました。

平成24年度

福岡県立中学校・中等教育学校入試問題

【適性検査】（50分）

1 あきらさんの家族は，よく晴れた秋分の日に山へ野外調理と山歩きに出かけました。

問１ 野外調理場に着いたあきらさんの家族は，昼食の準備を始めました。昼食では，肉や野菜などを焼いて食べることにしています。妹のゆかさんは，**図１**のように，厚さ１cmほどの肉をそのままあみの上に置いて焼こうとしました。

すると，あきらさんは，**図２**のように，肉に金属の串《くし》をさして，「これくらいの厚みのある肉をあみの上に置いて焼くときは，金属の串をさして焼いた方が，肉の中まで早く火が通るんだよ。」と，ゆかさんに教えました。

肉に金属の串をさしてあみの上に置いて焼いた方が，肉の中まで早く火が通る理由を，次の□に書きましょう。

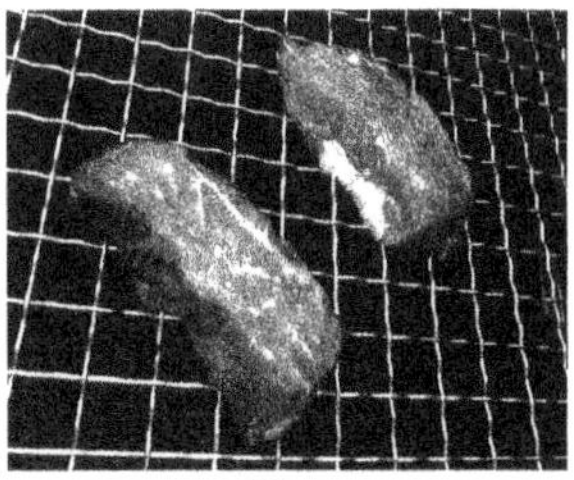
図１

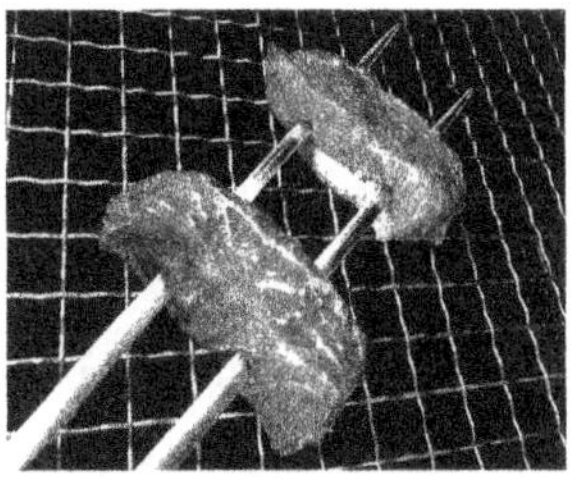
図２

問２ 昼食後，あきらさんの家族は，見晴らしのよい場所に行きました。午後３時にその場所に着くと，ゆかさんは地図を広げました。そして，そこから見える景色と地図を見比べるために，北の方角をあきらさんにたずねました。

すると，あきらさんは北の方角を確かめるため，**図３**のように，地面に水平にしたうで時計の文字ばんの中心に，小枝を垂直に立てました。そして**図４**のように，小枝のかげをうで時計の文字ばんの**３**に重ね，文字ばんの中心から見て**１**と**２**の真ん中の方向がおよそ北の方角であると教えました。さらに，あきらさんは，その理由をゆかさんに説明しました。

図３

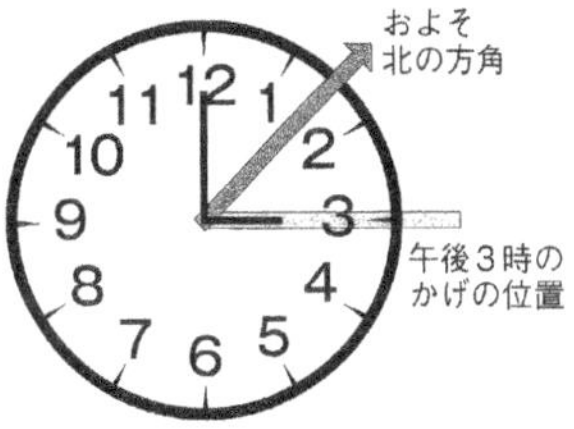

図４

下の□は，そのときの２人の会話の一部です。

ゆ　か：「どうして，**１**と**２**の真ん中の方向がおよそ北の方角になるの。」
あきら：「太陽は，東から南の空を通って西へ12時間で180度動くんだよ。また、正午の太陽はおよそ南の方角にあって，そのときのかげは，およそ北の方角にできるんだよ。**これらのことから考えると，**□。だから，**１**と**２**の真ん中の方向がおよそ北の方角になるんだよ。」

あきらさんは，会話の中の**これらのことから考えると，**に続けて □ で，かげを文字ばんの**3**に重ねたとき，文字ばんの中心から見て**1**と**2**の真ん中の方向がおよそ北の方角になる理由を説明しています。

あなたがあきらさんだったら，どのように説明しますか。下の □ に書きましょう。

2 まさるさんの学級では，総合的な学習の時間で環境問題について班ごとに調べ，発表することになりました。まさるさんの班は，環境を守るためには，ごみの量を減らすことが重要であると考え，各自で会社などの取り組みを調べ，話し合うことにしました。

問1 まさるさんは，いろいろな会社で行われている，家庭や店から出るごみの量を減らす取り組みについて調べました。そして，ある食品会社が行った冷凍《とう》食品を入れる容器をなくす〔**資料1**〕の取り組みを見つけました。

さらに，まさるさんは，袋《ふくろ》づめした冷凍食品が箱につめられることと，その箱の材料として使用されるダンボールの量が減ることを知りました。まさるさんは，〔**資料1**〕の取り組みが，ダンボールの量を減らすことにつながる理由を考え，班のみんなに説明することにしました。

あなたがまさるさんだったら，〔**資料1**〕の取り組みが，箱の材料として使用されるダンボールの量を減らすことにつながる理由を，どのように説明しますか。次の □ に，書きましょう。そのとき，次の「　」の中のすべての言葉を必ず1回以上使って書きましょう。

「ふくろの大きさ　　箱の大きさ　　同じ数」

〔資料1〕 冷凍食品を入れる容器をなくす取り組み

【取り組み前】 容器に入れて袋づめする

【取り組み後】 容器をなくして袋づめする

※ 取り組みの前後で、袋の中に入れる冷凍食品の形・大きさ・個数は変わっていない。

問2 まさるさんの班は，学習のまとめとして，商品の選び方の工夫《くふう》が重要であるという意見を発表しました。さらに，商品の選び方の工夫を各家庭にすすめたいと思い，〔**資料2**〕と〔**資料3**〕の2つの資料を使って記事を書き，学級通信にのせてもらうことにしました。

あなたがまさるさんだったらどのような記事を書きますか。次のページの**【学級通信の一部】**の中の □ に，〔**資料2**〕と〔**資料3**〕のそれぞれから分かる事実を明らかにし，それらをもとにして，家庭から出るごみの量を減らすために，商品の選び方の工夫をすすめる記事を書きましょう。

【学級通信の一部】

家庭から出るごみの量を減らすために、商品の選び方を工夫しましょう！

〔資料２〕家庭から出るごみの種類の割合

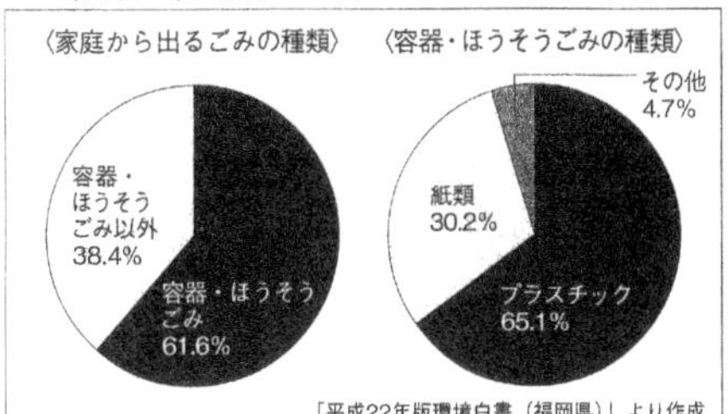
〈家庭から出るごみの種類〉
容器・ほうそうごみ以外 38.4%
容器・ほうそうごみ 61.6%
〈容器・ほうそうごみの種類〉
その他 4.7%
紙類 30.2%
プラスチック 65.1%

「平成22年版環境白書（福岡県）」より作成
※　割合は体積で計算しています。

〔資料３〕洗剤《せんざい》の容器を捨てるときの例

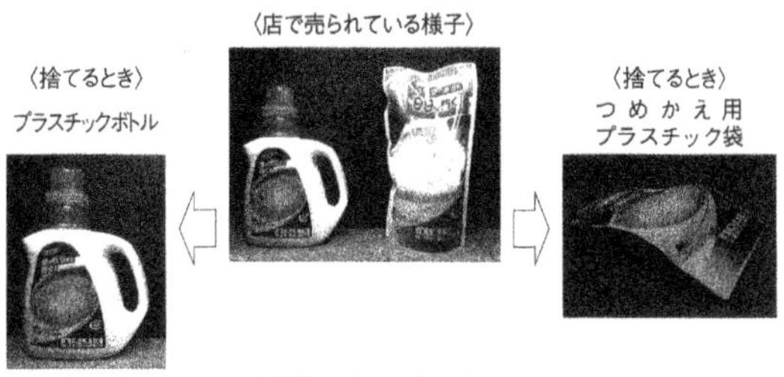
〈店で売られている様子〉
〈捨てるとき〉
プラスチックボトル
〈捨てるとき〉
つめかえ用
プラスチック袋

※　容器・ほうそうごみとは、おかしの箱やペットボトル、かんやビン、シャンプーや洗剤のボトルなど商品を入れる容器、または、商品を包んでいる紙やプラスチックなどのことです。

3　なつみさんの学校では，さいばい委員会が毎年ヒマワリを育て，その種を運動会で保護者や地域の方々に配布しています。２学期が始まり，かり取った70本のヒマワリをかんそうさせ，9月８日(木)から毎日昼休みに種を採る作業を始めました。９月14日(水)の６時間目に，さいばい委員会が開かれ，種を採る作業の見直しと袋づめについて話し合いました。下の［　　］は，そのときに話し合った内容です。

なつみ：「最初の２日間は種を採ることができたけど，昼休みに運動会の応援《えん》練習が臨時に入ったので，月曜日から今日までの３日間は種が採れませんでした。このままでは種を採り終える予定日に間に合わないので，作業計画の見直しについて，はるこさんから提案してもらいます。」

はるこ：「最初の計画では，毎日５本のヒマワリから種を採るようにしていましたが，明日からは，毎日８本のヒマワリから種を採ることにしたいと思います。」

たかし：「その計画で予定日までに終わるの。」

はるこ：「はい，終わります。今後も作業ができない日があるといけないので，予定日の前日に終わるように計画を立てました。**みなさん聞いてください。**［　　］。」

なつみ：「次に，配布のための袋づめについて話し合いましょう。これについては，たかしさんから提案してもらいます。」

たかし：「５，６年生の各学級の各班に，ヒマワリ１本分の種の袋づめをお願いしています。種を入れる袋は，大袋，中袋，小袋の３種類で，大袋には20個，中袋には14個，小袋には７個ずつ種を入れます。また，各班に配る袋の枚数の合計は50枚以下で，大袋が一番少なく，小袋が一番多くなるようにします。」
はるこ：「そのためには，各班に，大，中，小の袋を何枚ずつ配ればいいの。」
たかし：「それについては，ぼくたちで，ヒマワリ１本分の種を袋づめして見当をつけたいと考えているんだけど，どうですか。」
はるこ：「それはいい考えね。みんなでやってみましょう。」

問１　はるこさんは，発言の中の**<u>みなさん聞いてください。</u>**に続けて □ で，70本のヒマワリの種を採る作業が予定日の前日に終わることを説明しています。あなたがはるこさんだったら，どのように説明しますか。次の □ にかきましょう。そのとき，図や表を使ってもかまいません。
　ただし，土曜日，日曜日と祝日の９月19日㈪，9月23日㈮は学校が休みなので，作業は行いません。

種を採る作業が予定日の前日に終わることの説明

問２　たかしさんたちが，ヒマワリ１本分の種を大袋５枚，中袋10枚，小袋15枚に入れてみると，種が200個残りました。そこで，さらにそれぞれの袋の枚数を増やして種を入れると，ヒマワリ１本分の種が，すべての袋に決められた個数ずつ余りなく入りました。
　たかしさんたちが，ヒマワリ１本分の種を入れるために使った大，中，小の袋の枚数はそれぞれ何枚になりますか。大，中，小の袋の枚数の合計が50枚以下で，大袋が一番少なく，小袋が一番多くなる枚数の組み合わせは何通りか考えられます。そのうち，２通りの枚数の組み合わせを見つけ，下の表のそれぞれの □ に書きましょう。

	大袋の枚数	中袋の枚数	小袋の枚数
枚数の組み合わせ	枚	枚	枚
	枚	枚	枚

原稿用紙

検査番号

※

100

200

300

400

500

600

福岡県立育徳館中学校

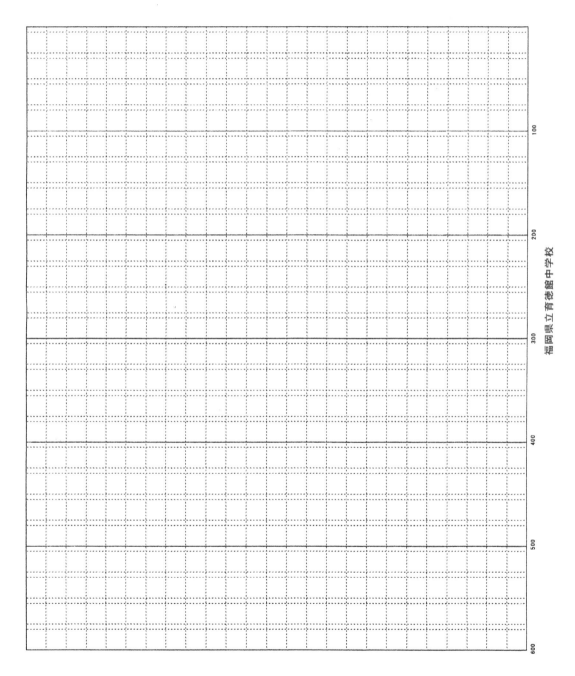

平成二四年度

県立育徳館中学校入試問題

【作　文】（四〇分）

課 題 文

小学校に入学してからこれまで、あなたが何かの目標に向かって挑戦《ちょうせん》した体験を一つ紹介《しょうかい》し、その体験を通して学んだことを書きましょう。

また、その学んだことをこれからの中学校生活でどのようにいかしていきたいのかを書きましょう。

そのとき、次の【注意】にしたがって、原稿用紙に四百字～六百字で書きましょう。

【注意】

◎ 原稿用紙には、題や氏名は書かないで、本文だけを書きましょう。

◎ 文章を見直すときには、下の（例）のように、付け加えたり、けずったり、書き直したりしてもかまいません。

（例）

朝の会で、私が司会をしているとき、友だちが~~やさしく~~

意見を~~書いて~~出してくれました。

原稿用紙

検査番号	

※

100

200

300

400

500

600

福岡県立門司学園中学校

平成二四年度

県立門司学園中学校入試問題

【作　文】（四〇分）

課題文

わたしたちはいろいろな人と出会い、新しいかかわりを作りながら生活しています。そこで、あなたが、本校入学後、人とかかわっていくうえで大切だと思うことを一つあげましょう。そして、そう考える理由を具体例をまじえながらくわしく書きましょう。
そのとき、次の**【注意】**にしたがって、原稿用紙に四百字～六百字で書きましょう。

【注意】

◎　原稿用紙には、題や氏名は書かないで、本文だけを書きましょう。

◎　文章を見直すときには、下の（例）のように、付け加えたり、けずったり、書き直したりしてもかまいません。

（例）

朝の会で、私が司会をしているとき、友だちが~~やさしく~~意見を~~書いて~~出してくれました。

原稿用紙

検査番号

※

100

200

300

400

500

600

福岡県立輝翔館中等教育学校

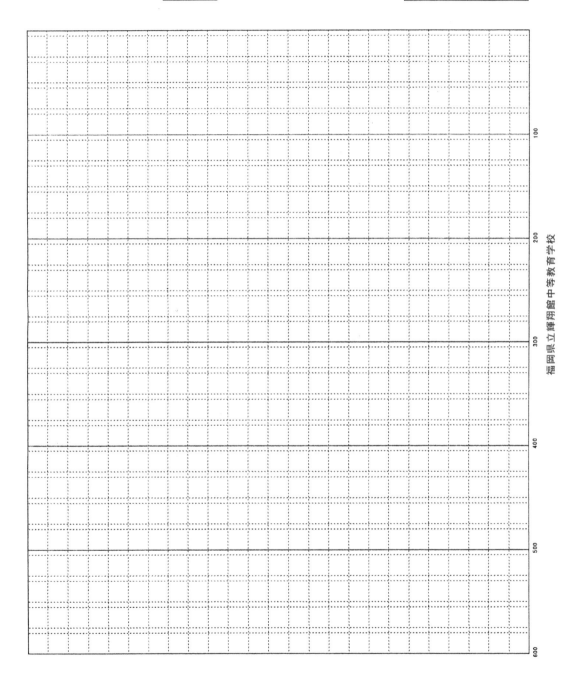

平成二四年度

県立輝翔館中等教育学校入試問題

【作　文】（四〇分）

課題文

わたしたちが生活をするうえで、まわりの人との協力は大切です。

そこで、協力するために必要なことは何だと思いますか。また、なぜそれが必要だと考えたのですか。これまでの体験をあげて、あなたの考えを書きましょう。

そのとき、次の【注意】にしたがって、原稿用紙に四百字～六百字で書きましょう。

【注意】

◎　原稿用紙には、題や氏名は書かないで、本文だけを書きましょう。

◎　文章を見直すときには、下の（例）のように、付け加えたり、けずったり、書き直したりしてもかまいません。

（例）

朝の会で、私が司会をしているとき、友だちが~~やさしく~~
意見を~~書いて~~出してくれました。

東京学参の

中学校別入試過去問題シリーズ

＊出版校は一部変更することがあります。一覧にない学校はお問い合わせください。

東京ラインナップ

あ　青山学院中等部(L04)
麻布中学(K01)
桜蔭中学(K02)
お茶の水女子大附属中学(K07)
か　海城中学(K09)
開成中学(M01)
学習院中等科(M03)
慶應義塾中等部(K04)
啓明学園中学(N29)
晃華学園中学(N13)
攻玉社中学(L11)
国学院大久我山中学
　(一般・CC)(N22)
　(ＳＴ)(N23)
駒場東邦中学(L01)
さ　芝中学(K16)
芝浦工業大附属中学(M06)
城北中学(M05)
女子学院中学(K03)
巣鴨中学(M02)
成蹊中学(N06)
成城中学(K28)
成城学園中学(L05)
青稜中学(K23)
創価中学(N14)★
た　玉川学園中学部(N17)
中央大附属中学(N08)
筑波大附属中学(K06)
筑波大附属駒場中学(L02)
帝京大中学(N16)
東海大菅生高中等部(N27)
東京学芸大附属竹早中学(K08)
東京都市大付属中学(L13)
桐朋中学(N03)
東洋英和女学院中学部(K15)
豊島岡女子学園中学(M12)
な　日本大第一中学(M14)
日本大第三中学(N19)
日本大第二中学(N10)
は　雙葉中学(K05)
法政大学中学(N11)
本郷中学(M08)
ま　武蔵中学(N01)
明治大付属中野中学(N05)
明治大付属八王子中学(N07)
明治大付属明治中学(K13)
ら　立教池袋中学(M04)
わ　和光中学(N21)
早稲田中学(K10)
早稲田実業学校中等部(K11)
早稲田大高等学院中学部(N12)

神奈川ラインナップ

あ　浅野中学(O04)
栄光学園中学(O06)
か　神奈川大附属中学(O08)
鎌倉女学院中学(O27)
関東学院六浦中学(O31)
慶應義塾湘南藤沢中等部(O07)
慶應義塾普通部(O01)
さ　相模女子大中学部(O32)
サレジオ学院中学(O17)
逗子開成中学(O22)
聖光学院中学(O11)
清泉女学院中学(O20)
洗足学園中学(O18)
捜真女学校中学部(O29)
た　桐蔭学園中等教育学校(O02)
東海大付属相模高中等部(O24)
桐光学園中学(O16)
な　日本大中学(O09)
は　フェリス女学院中学(O03)
法政大第二中学(O19)
や　山手学院中学(O15)
横浜隼人中学(O26)

千・埼・茨・他ラインナップ

あ　市川中学(P01)
浦和明の星女子中学(Q06)
か　海陽中等教育学校
　(入試Ⅰ・Ⅱ)(T01)
　(特別給費生選抜)(T02)
久留米大附設中学(Y04)
さ　栄東中学(東大・難関大)(Q09)
栄東中学(東大特待)(Q10)
狭山ヶ丘高校付属中学(Q01)
芝浦工業大柏中学(P14)
渋谷教育学園幕張中学(P09)
城北埼玉中学(Q07)
昭和学院秀英中学(P05)
清真学園中学(S01)
西南学院中学(Y02)
西武学園文理中学(Q03)
西武台新座中学(Q02)
専修大松戸中学(P13)
た　筑紫女学園中学(Y03)
千葉日本大第一中学(P07)
千葉明徳中学(P12)
東海大付属浦安高中等部(P06)
東邦大付属東邦中学(P08)
東洋大附属牛久中学(S02)
獨協埼玉中学(Q08)
な　長崎日本大中学(Y01)
成田高校付属中学(P15)
は　函館ラ・サール中学(X01)
日出学園中学(P03)
福岡大附属大濠中学(Y05)
北嶺中学(X03)
細田学園中学(Q04)
や　八千代松陰中学(P10)
ら　ラ・サール中学(Y07)
立命館慶祥中学(X02)
立教新座中学(Q05)
わ　早稲田佐賀中学(Y06)

公立中高一貫校ラインナップ

北海道　市立札幌開成中等教育学校(J22)
宮　城　宮城県仙台二華・古川黎明中学校(J17)
市立仙台青陵中等教育学校(J33)
山　形　県立東桜学館・致道館中学校(J27)
茨　城　茨城県立中学・中等教育学校(J09)
栃　木　県立宇都宮東・佐野・矢板東高校附属中学校(J11)
群　馬　県立中央・市立四ツ葉学園中等教育学校・
市立太田中学校(J10)
埼　玉　市立浦和中学校(J06)
県立伊奈学園中学校(J31)
さいたま市立大宮国際中等教育学校(J32)
川口市立高等学校附属中学校(J35)
千　葉　県立千葉・東葛飾中学校(J07)
市立稲毛国際中等教育学校(J25)
東　京　区立九段中等教育学校(J21)
都立大泉高等学校附属中学校(J28)
都立両国高等学校附属中学校(J01)
都立白鷗高等学校附属中学校(J02)
都立富士高等学校附属中学校(J03)
都立三鷹中等教育学校(J29)
都立南多摩中等教育学校(J30)
都立武蔵高等学校附属中学校(J04)
都立立川国際中等教育学校(J05)
都立小石川中等教育学校(J23)
都立桜修館中等教育学校(J24)
神奈川　川崎市立川崎高等学校附属中学校(J26)
県立平塚・相模原中等教育学校(J08)
横浜市立南高等学校附属中学校(J20)
横浜サイエンスフロンティア高校附属中学校(J34)
広　島　県立広島中学校(J16)
県立三次中学校(J37)
徳　島　県立城ノ内中等教育学校・富岡東・川島中学校(J18)
愛　媛　県立今治東・松山西中等教育学校(J19)
福　岡　福岡県立中学校・中等教育学校(J12)
佐　賀　県立香楠・致遠館・唐津東・武雄青陵中学校(J13)
宮　崎　県立五ヶ瀬中等教育学校・宮崎西・都城泉ヶ丘高校附属中学校(J15)
長　崎　県立長崎東・佐世保北・諫早高校附属中学校(J14)

公立中高一貫校「適性検査対策」問題集シリーズ

総合編
作文問題編
資料問題編
数と図形編
生活と科学編
実力確認テスト編

私立中・高スクールガイド
THE《ザ》 私立
私立中学&高校の学校生活がわかる！

〈ダウンロードコンテンツについて〉

本問題集のダウンロードコンテンツ、弊社ホームページで配信しております。現在ご利用いただけるのは「2025年度受験用」に対応したもので、**2025年3月末日**までダウンロード可能です。弊社ホームページにアクセスの上、ご利用ください。

※配信期間が終了いたしますと、ご利用いただけませんので了承ください。

中学別入試過去問題シリーズ

福岡県立中学校・中等教育学校(育徳館・門司学園・宗像・嘉穂高校附属・輝翔館)　2025年度

ISBN978-4-8141-3114-3

[発行所] 東京学参株式会社
〒153-0043　東京都目黒区東山2-6-4

書籍の内容についてのお問い合わせは右のQRコードから　⇒

※書籍の内容についてのお電話でのお問い合わせ、本書の内容を超えたご質問には対応できませんのでご了承ください。

2024年6月14日　初版